行動経済学の真実

川越敏司
Kawagoe Toshiji

目　次

はじめに ─────────────── 7

第1章　行動経済学は科学的か？ ─── 15
　　　行動経済学の定義
　　　行動経済学は反証不可能？
　　　価値関数
　　　　　──得られる報酬は主観的にどう評価されるか？
　　　価値関数による実験の説明
　　　回答3の場合
　　　回答1の場合
　　　回答4の場合
　　　回答2の場合

第2章　何が利益と損失の違いを決めるのか？ ── 43
　　　　──参照点依存性
　　　利益と損失を分ける基準点＝参照点
　　　実験室実験による検証
　　　フィールドでの証拠

**第3章　一度手にしたものは
　　　　　手放すのが惜しくなる？** ─────── 69
　　　　──保有効果
　　　保有効果とは何か

クネッチの実験
価値関数が矛盾を解消する
　　──プロスペクト理論による説明
市場での取引経験の影響
選択上の不確実性と取引上の不確実性
繰り返し実験の影響
既存の実験手続きへの懐疑
期待に基づく参照点
保有効果は人間固有の心理的傾向性か？

第4章　損失は利益よりも重要視される？ ── 111
　　　　──損失回避性

タイガー・ウッズは損失回避的か？
「勝ち点」の変更は
　　サッカーのプレーを変えるか？
損失回避性に関するメタ分析
損失回避性を巡る論争

第5章　ものは言いよう？ ── 151
　　　　──フレーミング効果

朝三暮四
アジアの疾病問題とフレーミング効果
選好の逆転
プロスペクト理論による説明

フレーミング効果と認知能力
専門家とフレーミング効果
フレーミング効果とインセンティブ
フレーミング効果と嘘をつくインセンティブ
感染予防策とナッジ
フレーミング効果に関するメタ分析

おわりに ───────────────── 197

章扉・図版作成／MOTHER

はじめに

 経済学に心理学的な洞察を取り入れた行動経済学は、現在、専門の研究者だけでなくビジネスの現場でも不可欠となってきている。たとえば、住友生命は行動経済学の知見に基づいた健康増進型保険 Vitality を販売しているし、ビジネスパーソン向けの行動経済学に関するセミナーも各社・各地で開催されている。書店の店頭には行動経済学をタイトルに持つ多くの書籍が並んでいる。[*1]

 研究面で見ても、行動経済学に関係する論文の出版数は2000年以降、増加の傾向にあり、行動経済学の生みの親であるダニエル・カーネマンは2002年にノーベル経済学賞を受賞している。その後、行動経済学を政策や行動変容に応用したナッジという手法の考案者であるリチャード・セイラーもまた2017年にノーベル経済学賞を受賞しており、2013年にノーベル経済学賞を受賞したロバート・シラーは資産市場の分析に行動経済学的な知見を取り入れた行動ファイナンスの研究者でもある。[*2]

 このように、行動経済学は研究においてもビジネスにおいても、もはや不可欠な学問と言ってもよいように思われるが、近年、その成果に対して疑問も生じている。

 アメリカの巨大小売チェーン、ウォルマートの行動科学研究グループのリーダーであったジェイソン・フレハが「行動経済学は死んだ」というブログ記事を書き、行動経

済学は信頼できないという主張を展開したのは2020年のことであった*3。そのことをきっかけに、わが国でも行動経済学の信頼性を巡って議論が巻き起こった。それを受けて、わたし自身もまた、2021年から2022年にかけて『「行動経済学の死」を考える』というシンポジウムを二度にわたりオンラインで開催し、その真相を究めようとした。

はたして行動経済学は信頼できるのだろうか？ 本書はそのような読者の疑問に答えようとするものである。

フレハが行動経済学に投げかけた疑問点は2つあった。1つ目は、損失回避性などの行動経済学の主要な発見には再現性がないということであった。

損失回避性というのは、ある金額を獲得する（利益が発生する）場合の満足度と、それと同じ金額を失う（損失が発生する）場合の不満の程度を比べると、後者の方が大きいということである。たとえば、宝くじやパチンコなどのギャンブルで儲けた喜びはすぐに忘れてしまうが、負けて損失を出したことの不満はいつまでも忘れない、といった経験をしたことがある人もいるだろう。

損失回避性は、先ほど紹介したダニエル・カーネマンが提唱したプロスペクト理論の重要な構成要素のひとつである。このプロスペクト理論は、1979年にカーネマンが同僚の心理学者エイモス・トヴェルスキーとの共著で経済学のトップ・ジャーナルに発表し、行動経済学の礎となった理論である（Kahneman and Tversky, 1979）。カーネマンによれば、損失回避性こそがプロスペクト理論において最も重

要な概念であるということなので、それは行動経済学においても最も重要な概念だと言っていい。

これに対してフレハは、損失回避性の検証を試みた最近の研究を取り上げ、それらにおいて損失回避性を支持する証拠が得られていないため、再現性のない信用できない理論であるという確信に至ったのである。

フレハが行動経済学に投げかけた疑問点の2つ目は、ナッジの効果についてである。

ナッジは先ほど言及したリチャード・セイラーが法学者のキャス・サンスティーンと提唱した考え方である (Thaler and Sunstein, 2008)。ナッジとは「ひじで軽くこづく」という意味であるが、メッセージの内容を工夫するといった手段を通じて人に気づきを与え、行動変容を導くような手段のことをいう。たとえば、レポートの提出期限を守らない傾向がある学生に対しては、「明日が締め切りです」という文言よりは「ほかの人はもう提出済みです」といった文言の方が提出を促す可能性が高いだろう。こうした文言の変更だけでも、感染予防や災害時の避難勧告などの重要な社会的・経済的状況における行動変容に成功した事例が報告されている。

現在、イギリスなど諸外国をはじめわが国においても、ナッジの成功事例を収集整理し、その活用を支援するナッジ・ユニットが政府内に設立されている。これに対してフレハは、こうした成功例に隠れて、ナッジが効果を発揮しなかったり、あるいは効果があるにせよそれが微々たるも

のであったりした事例を指摘している。実際、ナッジは導入初期には効果があったが、時間の経過とともにその効果が薄れていくということもしばしば報告されている。そのため、フレハはナッジの効果はほとんどないという結論に達したのである。

それでは、行動経済学における重要概念である損失回避性と、行動経済学に基づく手段であるナッジ、これら2つはもはや完全に否定されてしまったのだろうか？

折しも、その著作を通じて行動経済学の普及にあたり影響力のあったダン・アリエリーの研究についてデータ捏造が指摘され[*4]、また、損失回避性以外にも、カーネマンの名著『ファスト＆スロー』(Kahneman, 2011) に記載された研究についてその再現性に疑いの目が向けられる[*5]など、最近、行動経済学の成果を疑問視するような指摘が増えている。行動経済学の主張はもはや信頼できず、学問として本当に死んでしまったのだろうか？

そこで本書では、行動経済学の中心理論であるプロスペクト理論を主な対象として、その誕生から現在に至るまでの45年間の研究の歴史において、その妥当性について検証を試みた主要な研究を検討していく。ナッジについては紙幅の関係で、プロスペクト理論と密接に関係のある場合にのみ触れることとした。

この検討を通じてわたし自身が驚かされたのは、専門的な研究文献においてさえ、プロスペクト理論や損失回避性が正しく理解されていないものがある、ということである。

なにより、これまで損失回避性に帰せられてきた現象の中には、損失回避性を用いなくても説明できるものがあり、実際には損失回避性とは何の関係もないものもあったのである。

そこで本書では、各章においてプロスペクト理論の検証のために企画された研究の一つひとつについて、プロスペクト理論を実際に当てはめてみて、再度その結果の検証を試みている。この検証部分を読むことを通じて、読者はプロスペクト理論の正しい使い方を知ることができるだろう。その意味で、本書は行動経済学の入門書という位置づけもできるようになっている。また、各章で紹介する実験のほとんどは、読者が身の回りの人を相手に実施できる内容のものが多いので、ぜひ本書を手引きとして、読者自らの手で行動経済学の検証に取り組んでいただければ幸いである。

本書の構成は以下の通りである。まず、第1章では、行動経済学はそもそも科学的な理論なのかどうかについて、科学哲学の議論を援用しつつ説明する。第2章から第5章までは、行動経済学の中心理論であるプロスペクト理論の検証を試みた実験を紹介する。各章の最初に古典的な実験をまず紹介し、その結果について実際にプロスペクト理論を使ってみることで理解する。続いて、後続の主要な研究を紹介し、プロスペクト理論が検証されたかどうかを確認する。最後に、本書全体を通じてのプロスペクト理論の検証結果をまとめ、今後の行動経済学との正しい付き合い方について述べることにする。

註

* 1　https://vitality.sumitomolife.co.jp
* 2　Geiger, N.（2017）"The rise of behavioral economics." *Social Science History*, 41, 555-583.
* 3　Jason Hreha "The death of behavioral economics"（https://www.thebehavioralscientist.com/articles/the-death-of-behavioral-economics）（2024年3月19日アクセス）
* 4　自動車保険の更新にあたって、走行距離を自己申告させる実験をした際、その申告内容について虚偽はないという宣誓を最初に記入させた方が、あとで記入させるよりも真実の申告がなされやすいというアリエリーらが報告した「宣誓効果」について、データの捏造の疑いがかけられた。その経緯については、たとえば、以下の記事に簡潔に要約されている。
「惑わされない、怪しいデータの見分け方」TDB Economic Online、2021年9月10日（https://www.tdb-di.com/posts/2021/09/col2021091001.php）
* 5　たとえば、『ファスト＆スロー』（上巻、pp.102-103）で紹介されている、お金にかかわる単語（高い、サラリーなど）を使ってお金に関する文章を作る課題をさせた場合の方が、そういった課題を与えられなかった場合よりもその後、別の課題に忍耐強く取り組むという「社会的プライミング」という効果は、再現性が低いと指摘され、カーネマン自身がそれを認めている（McCook, 2017）。

参考文献

Kahneman, D., Tversky, A.（1979）"Prospect theory: An analysis of decision under risk." *Econometrica*, 47, 263-291.

Kahneman, D.（2011）*Thinking, Fast and Slow*, Farrar, Straus

and Giroux.（村井章子訳、2014年『ファスト＆スロー』上・下、ハヤカワ文庫）

McCook, A.（2017）""I placed too much faith in underpowered studies:" Nobel Prize winner admits mistakes" Retraction Watch.（https://retractionwatch.com/2017/02/20/placed-much-faith-underpowered-studies-nobel-prize-winner-admits-mistakes/）

Thaler, R. H., Sunstein, C. R.（2008）*Nudge: Improving Decisions About Health, Wealth, and Happiness*, Yale University Press.（2022年 Penguin Books 刊の最終版の邦訳は、遠藤真美訳、2022年『NUDGE 実践 行動経済学 完全版』日経BP）

■ 第1章 ■
行動経済学は科学的か？

第1章の実験

次の問題1と2を順番に考えてみてください。どちらの問題にも2つの選択肢があります。実際に、問題に記載してある通りの報酬が手に入るものとして、自分にとって好ましいと思われる選択肢をそれぞれ選んでください。なお、「どちらの選択肢でもかまわない」という回答はないものとします。

問題1

選択肢A：50%の確率で2万円を受け取り、50%の確率で何も受け取らない
選択肢B：100%の確率で1万円を受け取る

問題2

選択肢C：50%の確率で2万円を失い、50%の確率で何も失わない
選択肢D：100%の確率で1万円を失う

行動経済学の定義

行動経済学は、かつては「経済心理学」と呼ばれており、現在も欧米では「心理学と経済学」という名の科目として講義されていたりすることからもわかる通り、経済学と心理学が関連する領域である。ウィキペディアの英語版では、「行動経済学は、個人や組織の意思決定における心理学的、認知的、感情的、文化的、それに社会的な要因の影響を研究する」ものと説明されている。[*1]

2002年にヴァーノン・スミスとともにノーベル経済学賞を受賞したダニエル・カーネマンの功績は、ノーベル経済学賞のプレスリリースによれば、「心理学的研究からの洞察、特に、不確実性下の人間の判断と意思決定に関するものを経済科学に統合したこと」とされている。[*2]

プレスリリースでは、さらにその点を敷衍して次のように説明している。

「伝統的に、多くの経済学的研究は、利己性に動機付けられ、合理的な意思決定が可能な『ホモ・エコノミクス』という仮定に依存してきた……ダニエル・カーネマンは心理学からの洞察を経済学に統合し、それにより新しい研究領域の礎を築いた。カーネマンの主要な業績は不確実性下の意思決定に関するもので、人間の意思決定が標準的な経済理論によって予測されるものから系統的に逸脱する可能性があることを示してきた。カーネマンは、(1996年に逝去した)トヴェルスキーとともに、観察された行動に対するよ

りよい説明を与える代替的理論としてプロスペクト理論を定式化した。カーネマンはまた、人間の判断が確率の基礎的原理から系統的に逸脱したヒューリスティックな簡便法になっている可能性があることをも見出している。彼の研究は、経済学とファイナンスにおける新世代の研究者に刺激を与え、認知心理学からの洞察を人間の内的動機の理解に用いて経済理論を豊かにしてきた」[*3]。

　また、2017年にノーベル経済学賞を受賞したリチャード・セイラーの功績は、ノーベル経済学賞のプレスリリースによれば、「心理学的に見て現実的な仮定を経済的意思決定の分析に導入したこと、また限定合理性、社会的選好、それに自制の欠如がもたらす帰結を探求することにより、こうした人間の特性が個人の決定と同様に市場の結果にも系統的な影響を与えることを示したこと」にあるとされている[*4]。

　プレスリリースでは、そのうち限定合理性における業績については、メンタルアカウンティング（心理的会計）と並んで、「人々が同じ財について、それを所有していないときよりも所有しているときに高く評価するという保有効果と呼ばれる現象が損失回避性によって説明可能であることを示した」と説明し、「セイラーは、人の認知的限界がいかに資産市場に影響を与えるのかを研究する行動ファイナンスという研究領域の創設者の一人」だとしている。自制の欠如については、「短期的な誘惑に負けてしまうことが、老後の貯蓄計画やより健康的なライフスタイルの選択

第1章　行動経済学は科学的か？　17

がしばしば失敗することの重要な原因であるが、セイラーは、彼が発明した用語であるナッジが、年金貯蓄をする際などに、よりよく自制する助けになりうることを示した」とある。
*5

　行動経済学に関する業績によりノーベル経済学賞を受賞したこれら2人の研究概要が示すように、行動経済学の研究には心理学からの洞察が重要な影響を及ぼしている。事実、カーネマン自身が心理学者である（セイラーは経済学者）。

　もちろん、行動経済学に影響を及ぼしているのは心理学だけではない。筆者が2024年9月現在会長を務める行動経済学会の学会誌「行動経済学」の投稿規定には、次のように行動経済学が定義されている。
「本誌では、行動経済学を広くとらえ、社会科学（経済学、経営学、ファイナンス、マーケティング、会計学、政治学、法律学、行政学など）、人文科学（心理学、行動科学、哲学、歴史学など）、自然科学（神経科学、医学、生物学、物理学など）の分野において、経済活動の場における人間行動に関する研究一般を対象とする学問分野であると定義する」
*6

　行動経済学は、ここに挙げられたようなさまざまな研究領域に影響を与えるだけでなく、それらからの影響を受けている。

　しかしながら、このように行動経済学を「経済活動の場における人間行動に関する研究一般」として広義に定義す

ることに対して、より狭く定義することを好む研究者もいる。たとえば、室岡健志は、「現時点で『行動経済学』という学問分野について、経済学者の間で（もっと言うと行動経済学者の間でも）複数の定義があるように見受けられる……そこで、Rabin（1998, 2002a）に基づき、本書で扱う行動経済学は頑健かつ予測可能な形で確認されている心理学的な要素の一部を、伝統的な経済理論を拡張・発展させる形で組み入れた経済学の一分野」（室岡, 2023, p.3）としており、室岡は別の場所ではこのように定義された行動経済学を「狭義の行動経済学」と呼んでいる[*7]。

　本書でも、この室岡の定義に従って、行動経済学をあくまでも経済学の一分野という視点でとらえていくことにしたい。

行動経済学は反証不可能？

　筆者が学部の学生時代には、行動経済学は経済心理学と呼ばれていた。たとえば、西村周三の著書に『応用ミクロ経済学——経済心理学入門』（有斐閣、1989年）があるが、この本の最後の章には行動経済学の中心的な理論であるプロスペクト理論を解説した内容が含まれている。

　さっそく興味をもって一読したあと、「最近は、こういうモデルが研究されているのですね」と、とある教授に尋ねたところ、「プロスペクト理論は、参照点次第でどんなことでも説明できるから、実は何も説明できない理論だ」という厳しいご意見をいただいた記憶がある。

その教授の言わんとするところは、当時はあまりよくわからなかったが、いまになって思うに、カール・ポパーによる反証主義に基づけばプロスペクト理論は科学ではない、ということのようである。ちなみにポパーは、次に引用するように、反証可能であることが科学と非科学とを分ける基準だと考えていた。[*8]

　　私は、ある体系が経験によってテストできる場合にだけ、それを経験的または科学的なものとはっきり認めるであろう。この考えは、体系の実証可能性……ではなく反証可能性……が［筆者補足：科学とそれ以外のものとの］境界設定の基準として採用されるべきであると提案するものである……すなわち、経験的科学体系にとっては反駁(はんばく)されうるということが可能でなければならないのである。（たとえば、「明日ここに雨が降るか、あるいは降らないであろう」という言明は、反駁されえないというただそれだけの理由で、経験的とはみなされないであろう。これに反して、「明日ここに雨が降るだろう」という言明は、経験的とみなされるであろう）。　　　（ポパー、1971年、上巻、pp.49-50）

　科学的な理論は、基本的には、なんらかの仮説をデータによって検証しようとするものである。ここで、「検証」とは仮説がデータによってサポートされることであるのに対して、「反証」とは仮説がデータによってサポートされ

ないということである。

　いま、ある理論(たとえば、プロスペクト理論)から１つの仮説が導かれるとする。そこで、ある研究者がこの仮説を実験によって検証することを考えているとする。もし、このとき、どのような実験データに対してもその仮説が反証されないとすれば、どうだろうか？　その研究者はどのようなデータにも当てはまる「万能の理論」を手に入れたと喜ぶことになるだろうか？

　ポパーはそのような理論は宗教やオカルトと変わりない非科学的なものだと考えた。つまり、ポパーは、反証される可能性のある仮説を生み出さない理論は科学ではないと考えていたのである。

　したがって、「プロスペクト理論は、参照点次第でどんなことでも説明できるから、実は何も説明できない理論だ」という先の教授の意見は、「プロスペクト理論は反証可能ではないから科学的な理論ではない」と言い換えることができるだろう。

　それでは、本当にプロスペクト理論は反証可能ではないのかどうか、具体的な例題で考えてみよう。行動経済学のテキストでもよく見かける次の２つの問題を考えてみてほしい。どちらの問題にも２つの選択肢がある。実際に、問題に記載してある通りの報酬が手に入るものとして、自分にとって好ましいと思われる選択肢をそれぞれ選んでみてほしい。なお、「どちらの選択肢でもかまわない」という回答はないものとする。

第１章　行動経済学は科学的か？

〔問題1〕
選択肢A：
50％の確率で2万円を受け取り、50％の確率で何も受け取らない
選択肢B：
100％の確率で1万円を受け取る

〔問題2〕
選択肢C：
50％の確率で2万円を失い、50％の確率で何も失わない
選択肢D：
100％の確率で1万円を失う

　さて、ここでこれら2つの問題に対する回答は、「どちらの選択肢でもかまわない」という回答はない以上、

　　「問題1でA、問題2でC」
　　「問題1でA、問題2でD」
　　「問題1でB、問題2でC」
　　「問題1でB、問題2でD」

という4つのパターンしかありえない。
　いま、この実験を通じて研究者が知りたいことが、実験

参加者（被験者という）がある理論（たとえば、プロスペクト理論）から見て「正しい」選択をするかどうかだとしよう。もし、このとき、被験者が上記の4つのパターンのどれを回答しても、理論的にはすべて「正しい」回答だとすれば、そのような理論はこの実験では反証されないということになる。

では、実際のところ、プロスペクト理論はそうした反証できない理論なのだろうか？

価値関数
　　——得られる報酬は主観的にどう評価されるか？

この問題を検討するために、最初にプロスペクト理論について説明しよう。プロスペクト理論では、こうした問題で得られる報酬を人がどう評価するか、価値関数というもので考える。

一般的に、人は報酬がプラスの場合、受け取る金額が多いほど、その金額に対する満足度（これを経済学では効用という）は大きくなる。ここで、報酬の増加に対する満足度の増加率がだんだんと「小さく」なっていく場合を「感応度逓減」という。逓減とはだんだん減っていくという意味である。逆に、報酬の増加に対する満足度の増加率がだんだんと「大きく」なっていく場合を「感応度逓増」という。

また、人は報酬がマイナス、つまり損失の場合、失う金額が多いほど、その金額に対する不満度（マイナスの満足度）は大きくなる（数値としては小さくなる）。ここで、報酬

の低下に対する満足度の低下率がだんだんと「小さく」なっていく場合を「感応度逓減」といい、報酬の低下に対する満足度の低下率がだんだんと「大きく」なっていく場合を「感応度逓増」という。

　図1に、報酬がプラスの場合とマイナスの場合、それぞれについて、感応度逓減と感応度逓増の価値関数の概形を示した。

　このように、報酬がプラスの場合と報酬がマイナスの場合のそれぞれに対して、感応度逓減であるのか逓増であるのかの2通りがあるので、それらの組合せで合計4通りの価値関数がありうることになる。

　その中で、プロスペクト理論では、報酬がプラスの場合もマイナスの場合も感応度逓減であるS字型の価値関数が採用されている。図2（26頁）にその概形を示した。

　なお、ここで同じ金額の報酬でもそれをプラスと見るかマイナスと見るかは、その人の「参照点」と呼ばれる基準点によって異なるということに注意してほしい。図2では参照点は報酬が0のときだとしてグラフを描いているが、それ以外の場合もありうる。

　たとえば、普段はパチンコで最低でも1万円は稼いでいる人が、ある日に8000円しか稼げなかった場合、客観的には8000円の利益であるにもかかわらず、この結果を主観的には損失だと感じるだろう。それは、普段は稼いでいる1万円が参照点となっており、その参照点から見れば、それ以下の金額である8000円は損失とみなされるからである。

図1 感応度逓減と感応度逓増

(a) 報酬がプラスの場合

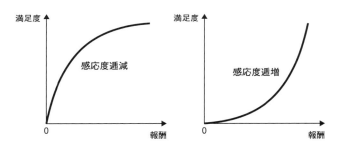

(b) 報酬がマイナスの場合

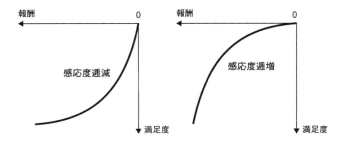

図2 プロスペクト理論における価値関数の概形

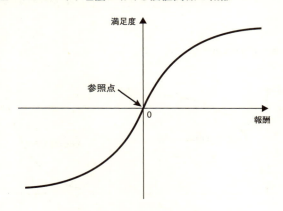

一方、普段は3000円程度しか稼いでいない人から見れば、参照点は3000円になるので、8000円を稼げたとすると、それは損失ではなく利益とみなされることだろう。

なお、参照点に当たる報酬を受け取るとき、その人にとっては損でも得でもないので満足度は0であることに注意してほしい。

それでは、このプロスペクト理論における価値関数という考え方を使うと、先に示した問題1と2に対する回答についてどのようなことが言えるのか、検討してみよう。

価値関数による実験の説明

問題1と2に対して、「どちらの選択肢でもかまわない」という回答はないので、2つの問題に対する回答のあり方

は以下の4通りになるはずであった。

　　回答1「問題1でA、問題2でC」
　　回答2「問題1でA、問題2でD」
　　回答3「問題1でB、問題2でC」
　　回答4「問題1でB、問題2でD」

　それでは、先ほど説明したプロスペクト理論における価値関数によれば、これら4つの回答はすべて「正しい」ことになるだろうか？

　なお、ここで思い出してほしいのは、プロスペクト理論を批判していた先の教授の言葉である。それは、
「プロスペクト理論は、参照点次第でどんなことでも説明できる」
である。この教授の言葉は、次のように言い換えることができるだろう。
「価値関数の形状を変えないまま参照点を適当に平行移動させれば、回答1から4までのすべてがプロスペクト理論では『正しい』回答となる」

　ここで、参照点に当たる報酬に対する満足度はつねに0であることから、参照点を変更するということは、図2のグラフでいうと、参照点の位置を左か右に平行移動することになる。そうした参照点の平行移動によって、回答1から4までのすべてが「正解」になるとすれば、プロスペクト理論はどんなデータにおいても反証できないことになる。

第1章　行動経済学は科学的か？　　27

では、この教授の主張が正しいかどうか、回答1から4まで順に取り上げて検討してみよう。

回答3の場合
最初に、「問題1でB、問題2でC」という回答3について考える。過去の研究ではこれが最もよく見られる回答だからである。
さて、回答3の場合、問題1については、

選択肢B：
100％の確率で1万円を受け取る

の方が、

選択肢A：
50％の確率で2万円を受け取り、50％の確率で何も受け取らない

よりも好ましいということである。この場合、どちらの選択肢でも報酬は0以上である。ここで、選択肢Aを選んだときの満足度の期待値（これを経済学では期待効用という）は、

$$0.5 \times 2万円の満足度 + 0.5 \times 0円の満足度$$

図3 報酬額がプラスのときの感応度逓減を示す価値関数

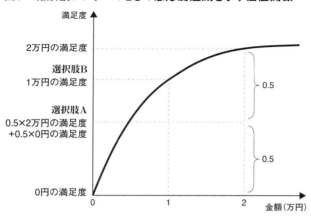

選択肢Bを選んだときの満足度は、

$$1万円の満足度$$

となる。そして、いま、選択肢Bの方が選択肢Aよりも好ましいのだから、

1万円の満足度
　　＞0.5×2万円の満足度＋0.5×0円の満足度

という関係が成り立っていることになる。

この関係は、たとえば、参照点が0円で、報酬がプラス

の場合に感応度逓減であるような価値関数を考えれば、成り立つことを示すことができる。図3はそのような価値関数のグラフを描いたものである。

選択肢Bを選んだ場合は、ちょうど横軸が1万円のときの価値関数の値に相当する満足度が得られる。

選択肢Aを選んだ場合は、横軸が0円のときの満足度と2万円のときの満足度のそれぞれが確率0.5で得られるので、これら2つの満足度のちょうど中間の値である「0.5×2万円の満足度＋0.5×0円の満足度」が得られることになるが、この値は、グラフから明らかなように、選択肢Bのときに得られる1万円の満足度より小さい。

このように、感応度逓減であるような価値関数から、選択肢AよりもBが好まれるという選択が確かに導かれる。

次に、問題2については、

選択肢C：
50％の確率で2万円を失い、50％の確率で何も失わない

の方が、

選択肢D：
100％の確率で1万円を失う

よりも好ましいということを示している。この場合、どち

らの選択肢でも報酬は0以下である。選択肢Cを選んだときの満足度の期待値は、

$$0.5 \times (-2) \text{万円の満足度} + 0.5 \times 0 \text{円の満足度}$$

選択肢Dを選んだ時の満足度は、

$$-1 \text{万円の満足度}$$

となる。そして、いま、選択肢Cの方が選択肢Dよりも好ましいのだから、

$$0.5 \times (-2) \text{万円の満足度} + 0.5 \times 0 \text{円の満足度} > -1 \text{万円の満足度}$$

という関係が成り立っていることになる。この関係は、たとえば、参照点が0円で、報酬がマイナスの場合に感応度逓減であるような価値関数を考えれば、成り立つことを示すことができる。図4（次頁）はそのような価値関数のグラフを描いたものである。

選択肢Cを選んだ場合は、横軸が0円のときの満足度と－2万円のときの満足度のそれぞれが確率0.5で得られるので、それらの値のちょうど中間の値「0.5×（－2）万円の満足度＋0.5×0円の満足度」が得られることになる。

選択肢Dを選んだ場合は、ちょうど横軸が－1万円のと

第1章　行動経済学は科学的か？

図4　報酬額がマイナスのときの感応度逓減を示す価値関数

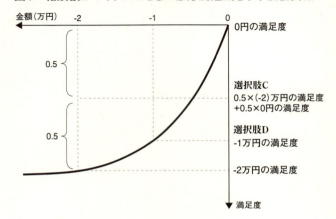

きの価値関数の値に相当する満足度が得られる。この値は、グラフから明らかなように、選択肢Cのときに得られる満足度の期待値より小さい。

このように、感応度逓減であるような価値関数から、選択肢DよりもCが好まれるという選択が確かに導かれる。

まとめると、
「参照点が０円で、報酬がプラスの場合もマイナスの場合も感応度逓減であるような価値関数」
を考えると、回答３「問題１でB、問題２でC」は、プロスペクト理論から見て「正しい」回答となる。

図５には図３と４とを組み合わせた価値関数の例を描いている。このＳ字型の価値関数は、行動経済学の本などで

図5　図3と図4を結合した価値関数

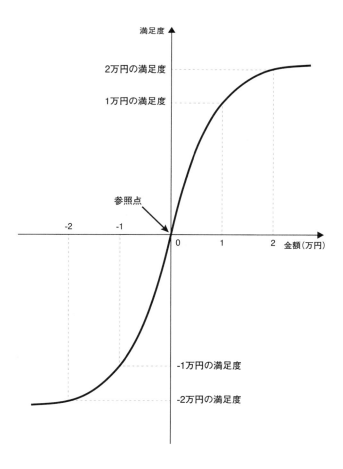

第1章　行動経済学は科学的か？

はおなじみの形状だ。

この後は図5の価値関数の形状を変えないまま、参照点を左右に平行移動することで、残りの回答もプロスペクト理論から見て「正しい」回答かどうか調べていこう。

回答1の場合

次に、「問題1でA、問題2でC」という回答1について考える。

これは、問題1については選択肢Aの方が選択肢Bよりも好ましいということを示している。この場合、先ほどの回答3の場合と同様に考えれば、

$$0.5 \times 2万円の満足度 + 0.5 \times 0円の満足度 > 1万円の満足度$$

という関係が成り立っていることになる。

ここで、参照点は2万円だと考えてみよう。つまり、主観的には2万円より多い金額は「利益」、2万円より少ない金額は「損失」と感じられるということである。ちょうど2万円のときの満足度は参照点の定義上0である。この場合の価値関数は先ほどの図5の価値関数を、その形状を変えないまま、参照点が2万円になるように右に平行移動すれば得られる。図6にはそのような価値関数の例が描かれている。

このとき、図6に示した参照点が2万円のときの価値関

図6 参照点を2万円に平行移動した価値関数

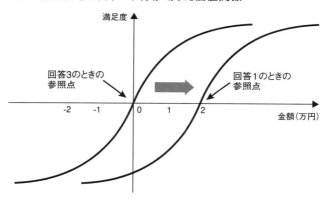

図7 報酬額が-2万円から2万円のときの価値関数

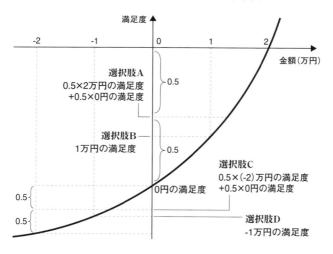

数について、報酬額が－2万円から2万円の範囲を取り出したものが図7である。この場合、確かに、

　0.5×2万円の満足度＋0.5×0円の満足度
　　　＞1万円の満足度

という関係が成り立っていることがわかる。
　問題2では選択肢Cの方が選択肢Dよりも好ましいのだから、この場合、

　0.5×（－2）万円の満足度＋0.5×0円の満足度
　　　＞－1万円の満足度

という関係が成り立っていることになる。これについては、図7に示した参照点が2万円である価値関数について、報酬額が－2万円から0円の範囲を見ればよい。それは、ちょうど図4に示した価値関数と同一の形状であることがわかるだろう。したがって、この場合、選択肢Cの方がDよりも満足度の期待値は大きい。
　まとめると、
「図5と同一の形状で、参照点が2万円であるような価値関数」
を考えると、回答1「問題1でA、問題2でC」は、プロスペクト理論から見て「正しい」回答となる。

回答4の場合

次に、「問題1でB、問題2でD」という回答4について考えてみる。問題1では選択肢Bの方が選択肢Aよりも好ましいということを示している。この場合、

　1万円の満足度
　　＞0.5×2万円の満足度＋0.5×0円の満足度

という関係が成り立っていることになる。問題2では選択肢Dの方が選択肢Cよりも好ましいのだから、

　－1万円の満足度
　　＞0.5×（－2）万円の満足度＋0.5×0円の満足度

という関係が成り立っていることになる。

これらの関係は、回答3の価値関数を、参照点が－2万円になるように平行移動したものを考えれば成り立つことを示すことができる（次頁図8参照）。図9（39頁）は、図8の価値関数のうち報酬額が－2万円から2万円の範囲を取り出したものであるが、これから選択肢BがAより好ましく、選択肢DがCより好ましいことが確認できる。

つまり、
「図5と同一の形状で、参照点が－2万円であるような価値関数」

第1章　行動経済学は科学的か？

図8　参照点を−2万円に平行移動した価値関数

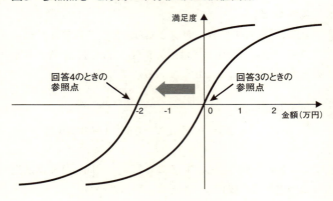

を考えると、回答4「問題1でB、問題2でD」は、プロスペクト理論から見て「正しい」回答となる。

回答2の場合

最後に、「問題1でA、問題2でD」という回答2について考える。これは、問題1については選択肢Aの方が選択肢Bよりも好ましいのだから、

　0.5×2万円の満足度＋0.5×0円の満足度
　　　＞1万円の満足度

という関係が成り立っていることになる。これはすでに見た図7のような価値関数を考えればよい。

図9 報酬額が-2万円から2万円のときの価値関数

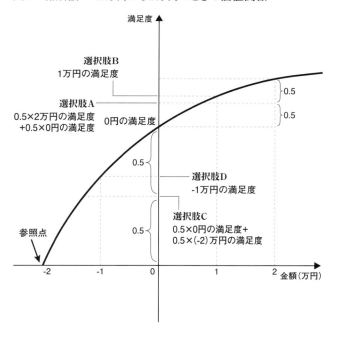

問題2では選択肢Dの方が選択肢Cよりも好ましいのだから、この場合、

 －1万円の満足度
　　＞0.5×（－2）万円の満足度＋0.5×0円の満足度

という関係が成り立っていることになる。これはすでに見た図9のような価値関数を考えればよい。

そこで、図7と図9を組み合わせたのが図10である。このような価値関数を考えると、回答2「問題1でA、問題2でD」は、プロスペクト理論から見て「正しい」回答のように見えるかもしれない。

しかし、この場合、図5におけるS字型の価値関数における参照点をどのように左右に平行移動してもこのような逆S字型のグラフは得られないことに注意してほしい。

このように図5の、「価値関数の形状を変えないまま参照点を適当に平行移動させ」るだけで「正しい」選択にすることができるのは回答1、3、4だけで、回答2は参照点の平行移動だけでは説明がつかない。したがって、図5の価値関数が正しいとすると、プロスペクト理論は回答2のようなデータが得られれば反証可能であり、ポパーのいう科学の条件を満たしているということになる。つまり、ポパーの議論に従うならば、プロスペクト理論は科学的な理論だと言えるだろう。

図10 参照点を平行移動しても得られない価値関数の例

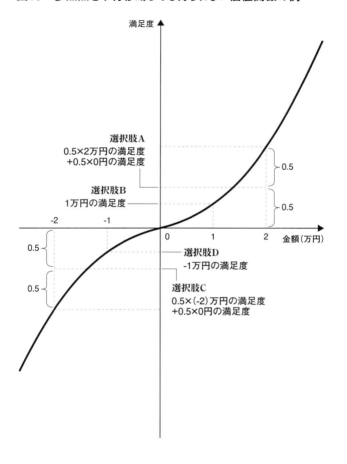

第1章 行動経済学は科学的か？

註

* 1　https://en.wikipedia.org/wiki/Behavioral_economics（2024年3月19日アクセス）
* 2　https://www.nobelprize.org/prizes/economic-sciences/2002/press-release/
* 3　同前
* 4　https://www.nobelprize.org/prizes/economic-sciences/2017/press-release/
* 5　同前
* 6　行動経済学会学会誌「行動経済学」投稿規定（http://www.abef.jp/journal/submission-regulations/）
* 7　室岡健志「経済学の中での行動経済学位置づけ」、「行動経済学の死」を考えるシンポジウム、2021年10月23日講演資料
* 8　以下の引用も、ポパーの考え方を示すものとしてよく引用されている。

「私が考えている……この境界設定の問題（科学的知識の限界についてのカントの問題）は、経験科学に属する主張（言明、言明の体系）と『形而上学的』といわれる主張とを区別しうる基準を発見する問題と定義できる……われわれは経験科学を次のように特徴づけできよう：科学的言明が実在について語っているかぎり、それは反証可能でなければならない：反証可能でないかぎり、それは実在について語ってはいないのだ」（ポパー、1972年『科学的発見の論理』下巻、p.382、384）

参考文献

カール・R・ポパー著、大内義一・森博訳、1971、1972年『科学的発見の論理』上・下、恒星社厚生閣

室岡健志、2023年『行動経済学』日本評論社

■ 第2章 ■
何が利益と損失の違いを決めるのか？
── 参照点依存性

第2章の実験

これから、0と1が縦10行横15桁にランダムに並んだ以下のような図から0の数を数えてもらいます。答えるたびに同種の別の問題が提示されます。

```
010011101100101
000101101101110
100100111010101
110110001001010
000101000010101
010101101010010
111010110101000
000101101010010
101001000111010
000101010010110
```

報酬は、50％の確率で**正解した問題数×20円**をもらうか、50％の確率で**固定報酬300円**をもらうか、そのいずれかとなります。制限時間は60分です。時間内でも、途中で回答を止めることができます。

もし、あなたが実際にこの問題に取り組むとしたら、何分間解き続けますか？ また、固定報酬が700円だった場合には何分間解き続けますか？

利益と損失を分ける基準点＝参照点

　前章では、行動経済学における中心的理論であるプロスペクト理論が、ポパーのいう意味での科学の条件、つまり、反証可能性を備えているかどうかを詳しく調べた。特に、「参照点を適当に平行移動することで、どんな現象でも説明可能であるがゆえに、何も説明しない理論である」という批判は間違っていることを明らかにした。

　具体的には、第1章の問題1と2に対する4通りの回答のあり方のうち、「問題1でA、問題2でD」という回答2は、利益局面でも損失局面でも感応度逓減的な価値関数の参照点を平行移動しても説明可能ではないことが確かめられた。

　ところで、利益局面と損失局面とを切り分ける基準となる参照点はどのようにして決まるのであろうか？　多くの場合、現状（status quo）が参照点になると考えられている。たとえば、毎年のボーナスで20万円をもらっている人にとっては、この20万円が現状であり、ある年のボーナスが20万円より少ないと損失と感じ、20万円より多いと利益と感じるはずである。

　この場合、現状の20万円は基本的にはその労働者にとっての過去の経験に基づく予想である場合が多いだろう。労働者の中には、その年の経済状況や会社の業績まで考慮してボーナス支給額の予想を立てる人もいるだろう。

　クーセギとレイビン（Kőszegi and Rabin, 2006）が提唱

する「期待に基づく参照点」(expectation-based reference point)という概念が、まさに、こうした予想に基づいて参照点が決まるという考え方を洗練したものであり、最近では主流の考え方となってきている。ちなみに、期待とは経済学の専門用語であるが、基本的には予想という言葉とほとんど同じ意味である。

この期待に基づく参照点という考え方を理解するために、『新約聖書』の「マタイによる福音書」に記された次のイエスのたとえ話について考えてみよう。

　　天の国は次のようにたとえられる。ある家の主人が、ぶどう園で働く労働者を雇うために、夜明けに出かけて行った。主人は、1日につき1デナリオンの約束で、労働者をぶどう園に送った。また、9時ごろ行ってみると、何もしないで広場に立っている人々がいたので、「あなたたちもぶどう園に行きなさい。ふさわしい賃金を払ってやろう」と言った。

　　それで、その人たちは出かけて行った。主人は、12時ごろと3時ごろにまた出て行き、同じようにした。5時ごろにも行ってみると、ほかの人々が立っていたので、「なぜ、何もしないで一日中ここに立っているのか」と尋ねると、彼らは、「だれも雇ってくれないのです」と言った。主人は彼らに、「あなたたちもぶどう園に行きなさい」と言った。夕方になって、ぶどう園の主人は監督に、「労働者たちを呼んで、最後に

来た者から始めて、最初に来た者まで順に賃金を払ってやりなさい」と言った。そこで、5時ごろに雇われた人たちが来て、1デナリオンずつ受け取った。最初に雇われた人たちが来て、もっと多くもらえるだろうと思っていた。しかし、彼らも1デナリオンずつであった。それで、受け取ると、主人に不平を言った。「最後に来たこの連中は、1時間しか働きませんでした。まる1日、暑い中を辛抱して働いたわたしたちと、この連中とを同じ扱いにするとは」主人はその一人に答えた。「友よ、あなたに不当なことはしていない。あなたはわたしと1デナリオンの約束をしたではないか。自分の分を受け取って帰りなさい。わたしはこの最後の者にも、あなたと同じように支払ってやりたいのだ。自分のものを自分のしたいようにしては、いけないか。それとも、わたしの気前のよさをねたむのか」このように、後にいる者が先になり、先にいる者が後になる。

(『新約聖書』「マタイによる福音書」20：1-16)

　このイエスのたとえに出てくるぶどう園の主人は「1日につき1デナリオンの約束で、労働者をぶどう園に送った」とある。それに対して、このぶどう園で働くことになる労働者たちは、まず「夜明けに出かけて行った」際に雇われ、次に「9時ごろ」、また「12時ごろと3時ごろ」、そして最後に「5時ごろ」に雇われている。ところが、いざ

賃金の支払いの段階になると、夕方5時ごろに雇われた人たちに1デナリオンが支払われているのを見て、「最初に雇われた人たち」が「もっと多くもらえるだろうと思っていた。しかし、彼らも1デナリオンずつであった」ので、主人に不平を言ったとある。

主人からすれば、「1日につき1デナリオンの約束」をした以上、何も不当なことはしていないのであるが、読者の多くは、夜明けから働いていた人と夕方5時ごろに雇われた人に同じ賃金を支払うのは、やはり不公平だと思うことだろう。

夜明けから働いていた人たちは、最初、1日につき1デナリオンの賃金という約束をされた。ところが、賃金の支払い段階で夕方5時ごろに雇われた人たちが1デナリオンをもらっているのを見て、約束では1日1デナリオンであるにもかかわらず、自分たちはもっと多くもらえるだろうと期待したというところがポイントである。

ちなみに、1デナリオンは古代ローマの銀貨で、1日分の賃金に相当する価値があったという。したがって、夜明けから働いていた人たちは、自分たちより後に雇われた人たちに支払われる賃金を見さえしなければ、自分たちはもっと多くもらえるだろうなどとは思わなかったはずである。

つまり、仮に夜明けから働いていた人たちが10時間働いたとすれば、夕方5時ごろに雇われた、せいぜい1、2時間しか働かなかった人たちが1デナリオンをもらったという事実から、その5倍の時間働いた自分たちは5デナリオ

ンくらいもらえるのではないかと期待したのである。それが、彼らの期待の下での参照点になったのである。

　ところが、彼らが手にしたのはわずか1デナリオンにすぎなかった。これは、期待していた参照点以下の賃金であるから、損失として受け止められ、彼らは主人の扱いに不満を持ったということである。逆に、夕方5時ごろに雇われた人たちは、1日分の賃金である1デナリオンがもらえるとは期待していなかったであろうから、参照点以上の賃金を受け取ったことになり、彼らは利益を得たと感じたはずである。

　このように、参照点をなんらかの利益や損失が発生する前に期待していることをベースに考えていくのが、クーセギとレイビンによる期待に基づく参照点という考え方である。ただし、正確には、クーセギとレイビンは、こうした参照点を形成する基になる期待は合理的なものに限ると定義している。ここで期待が合理的であるとは、非常に単純化して言えば、予想が100％当たるという意味である。

　先ほどのぶどう園のたとえ話で言えば、労働者はそれぞれ自分にいくらの賃金が支払われるかについて予想を立てており、かつその予想は実際に100％正しい、つまり、実際に受け取る賃金と等しいということである。もう少し言えば、労働者は自分の立てた予想の下に最善の選択を行う結果として、その予想が100％正しいものになるということである。

　少しわかりにくいかもしれないので、先ほどのぶどう園

での日雇い労働が毎日繰り返される状況を考えてみてほしい。最初、労働者たちは自分たちが受け取る賃金について間違った予想を立てるかもしれない。たとえば、夜明けから働いている人たちは、最初に賃金は1デナリオンだと約束されたものの、自分たちよりあとに雇われた人たちが1デナリオンずつもらっていることから、自分たちはもしかしたら1デナリオン以上もらえる可能性があると期待するかもしれない。

　しかし、実際には1デナリオンしかもらえないので、彼らは次の日からはその予想を訂正して、1日1デナリオンしかもらえないという前提の下に、何時から働くかを決めるはずである。もちろん、夕方5時から働く選択も可能だが、もっと早い時間にその日の募集は終わってしまうかもしれない。そうしたことを考慮して、何時から働くか、最善の選択をするようになるはずである。

　こうして、賃金は1日1デナリオンであるという彼らの予想は100％正しいものとなると同時に、その予想の下での彼らの労働時間の選択（たとえば、朝9時から働く）は、失業せずに1日分の生活費を適切な労働時間で獲得できるという意味で、つまり、労働者の満足度を最大化しているという意味で、彼らにとって最善のものになっているはずである。このようにして決まった「賃金は1日1デナリオン」という参照点が「期待に基づく参照点」なのである。

実験室実験による検証

それでは、現実に人々が抱く参照点は、クーセギとレイビンが提唱する期待に基づく参照点という考え方と合致するように決まっているのだろうか？

アベラーら（Abeler et al., 2011）は次のような実験室実験を行って、この疑問に答えようとした。

この実験では、被験者には0と1がランダムに並んだ数列がコンピュータ画面上に提示される。その数列は横15桁で縦に10行あるので、全部で150文字からなる（図1）。

図1　アベラーらの実験課題例

```
010011101100101
000101101101110
100100111010101
110110001001010
000101000010101
010101101101010
111010110101000
000101101010010
101001000111010
000101010010110
```

Abeler et al.（2011）より

その上で、被験者はこの数列に含まれる0の数を勘定して、答えを入力するように要求される。正しい回答をした場合には10セントの報酬をもらい、次の問題に進む。3回間違えた場合には10セントが報酬から差し引かれ、次の問題に進む。被験者はこの課題を4分間続けて、獲得した報酬の総額を受け取る。

この課題は現実世界の単純労働をモデル化したもの

で、事前の知識や能力を特に要求しない誰にでもできるものであり、かつ無意味で退屈な課題となるように設定されている。

ちなみに、このような実験室実験で被験者に提示される課題には、大きく分けて次の2種類がある。1つは、「Xという状況を想像してください。そこであなたが選択できるのは選択肢AかBです。Aを選べば$u(A)$の報酬が、Bを選べば$u(B)$という報酬が得られます」といった形式の仮想的状況を想定した選択を要求されるような課題である（仮想的課題と呼ばれる）。もうひとつが、アベラーらの実験のように被験者に実際に手や体を動かす作業をしてもらうタイプの課題である（現実的課題と呼ばれる）。いずれも、被験者にとっては比較的抽象的な課題となるが、理論上の設定をかなり忠実に実験室内に再現することが可能である。

これに対して、現実世界の労働現場で条件を変えて実際に働いてもらうというような課題は、フィールド実験と呼ばれる。こちらの方が課題はより現実的で具体的になるが、実験室実験ほどきめ細かく条件設定ができないなどの制約がある。

さて、アベラーらの実験では、被験者たちに先ほどの課題をさせたあと、再度同じ課題が提示される。先ほどの課題は練習で、こちらが本番の課題という位置づけである。

しかし、今度は次のような条件が付け加えられている。まず、被験者は最大60分間、上記の課題を実施可能であるが、途中でいつ止めてもよい。次に、提示される数列に含

まれる0の数を正解した場合にもらえる報酬が20セントになっている。最後に、実際に受け取る報酬は、50％の確率で「課題の正答数×20セント」、50％の確率で固定報酬になることが、課題開始前に被験者には伝えられる。なお、固定報酬はあるグループでは3ユーロで、別のグループでは7ユーロになっている。便宜上、課題の正答数に比例する報酬を変動報酬と呼ぶことにする。

この実験の設定とマタイによる福音書のたとえ話との対応を考えてみよう。この実験での固定報酬が、ぶどう園の主人が最初に約束した賃金（1デナリオン）に対応する。また、変動報酬が労働時間に比例した労働の成果に対応する。つまり、労働者たちは50％の確率で最初に約束された固定報酬を与えられると予想しているが、50％の確率で労働時間に比例した変動報酬を得られるのではないかと期待している、というわけである。

上記の期待の下で、被験者は労働時間、つまり、課題に費やす時間を決定する。それにより、労働者は自分自身の変動報酬の額を決定していることになる。ここで、説明の便宜上、変動報酬をV、固定報酬をFという文字で表すこととする。

さて、被験者の選択した労働時間の下で得られる変動報酬が固定報酬より低い場合（V＜F）を考える（表1も参照のこと）。この場合、50％の確率で変動報酬Vが実際の報酬として選ばれる場合と、50％の確率で固定報酬Fが実際の報酬として選ばれる場合がある。

表1 変動報酬が固定報酬より低い場合（V＜F）

実際の報酬	変動報酬V		固定報酬F	
被験者の期待	変動報酬V	固定報酬F	変動報酬V	固定報酬F
実際と期待との差	損得無し $V-V=0$	損失 $V-F<0$	利益 $F-V>0$	損得無し $F-F=0$
被験者の行動		損失回避性のため、Vを増加		

表2 変動報酬が固定報酬より高い場合（V＞F）

実際の報酬	変動報酬V		固定報酬F	
被験者の期待	変動報酬V	固定報酬F	変動報酬V	固定報酬F
実際と期待との差	損得無し $V-V=0$	利益 $V-F>0$	損失 $F-V<0$	損得無し $F-F=0$
被験者の行動			損失回避性のため、Vを減少	

　まず、もし実際の報酬が変動報酬Vであった場合、被験者は50％の確率で変動報酬Vが支払われると期待していたので損得なしとなるが、50％の確率で固定報酬Fが支払われると期待していて、VはF以下なので、被験者はV−Fに比例する損失を感じるはずである。

また、もし実際の報酬が固定報酬Fであった場合、被験者は50％の確率で固定報酬Fが支払われると期待していたので損得なしとなるが、50％の確率で変動報酬Vが支払われると期待していて、FはV以上なので、被験者はF−Vに比例する利益を感じるはずである。

　実際の報酬がVなのかFなのかは50％の確率で決まるが、一般に、被験者には同じ額の利益よりも損失を重く見る傾向（損失回避性）があるので、実際の報酬がFであったときの利益F−Vよりも実際の報酬がVであったときの損失V−Fの方を重く評価することになると予想される。そのため、損失V−Fを少なくするために被験者は変動報酬V、すなわち、労働時間を増加させると予想されることになる。

　今度は逆に、選択した労働時間の下で得られる変動報酬が固定報酬より高い場合（V＞F）を考える（表2も参照のこと）。この場合も、50％の確率で変動報酬Vが実際の報酬として選ばれる場合と、50％の確率で固定報酬Fが実際の報酬として選ばれる場合がある。

　まず、もし実際の報酬が変動報酬Vであった場合、被験者は50％の確率で変動報酬Vが支払われると期待していたので損得なしとなるが、50％の確率で固定報酬Fが支払われると期待していて、VはF以上なので、被験者はV−Fに比例する利益を感じるはずである。

　また、もし実際の報酬が固定報酬Fであった場合、被験者は50％の確率で固定報酬Fが支払われると期待していたので損得なしとなるが、50％の確率で変動報酬Vが支払わ

れると期待していて、FはV以下なので、被験者はF−Vに比例する損失を感じるはずである。

やはり、被験者が同じ額の利益よりも損失を重く見る損失回避性の傾向があるので、F−Vに比例する損失の可能性を減らすために、被験者は変動報酬V、つまり、労働時間を減少させると予想されることになる。

アベラーらの実験では、固定報酬Fの額が3ユーロのグループと7ユーロのグループが設定されている。これを上記の結果に当てはめてみると、固定報酬Fの値が大きいほど、それは変動報酬Vを上回る可能性が高くなるので、損失回避的な被験者はVを増加させる傾向があるだろう。つまり、固定報酬Fの額が7ユーロのグループの方が3ユーロのグループよりも、労働時間が長くなるだろうと予想される。以上が、クーセギとレイビンが提唱する期待に基づく参照点という考え方から導かれる被験者の行動である。

ちなみに、参照点を境目にして利益と損失を分けることをしないと考える伝統的な経済理論では、固定報酬Fは被験者の労働時間の選択には影響を与えないと予想されている。いま労働にかかるコストをCとする。また、被験者は1分間に1つの問題を正解できるとする。この実験では、1つ問題に正解するたびに20セントをもらえるのだった。たとえば、被験者が10分間労働したとすると、50%の確率で変動報酬$V = 20 \times 10$を得て、50%の確率で固定報酬Fを得るので、その報酬の期待値は$0.5 \times 200 + 0.5 \times F$となる。もしこの被験者が20分間労働したとすると、50%の確率で

変動報酬 V = 20×20を得て、50％の確率で固定報酬Fを得るので、その報酬の期待値は0.5×400 + 0.5×Fとなる。このように、労働時間の延長によって変動するのは変動報酬の部分だけである。

被験者の利益はこの報酬の期待値から労働コストCを差し引いた値となる。この場合、1分間労働を延長することによって得られる追加的な変動報酬の期待値0.5×20が、1分間の追加的な労働コストCを上回っているかぎりは、被験者は利益を増やすために労働時間を延長することになるだろう。そして、追加的な変動報酬0.5×20が追加的な労働コストCに等しくなると、そこで労働を終了することになる。このような意思決定には固定報酬は何も影響しないのである。

まとめると、プロスペクト理論と伝統的な経済理論それぞれの予測は次のようになる。

予測1（プロスペクト理論）：
固定報酬Fの額が高いほど労働時間が長くなる
予測2（伝統的な経済理論）：
固定報酬Fの額は労働時間の選択とは無関係

さて、アベラーらの実験では、固定報酬Fの額が7ユーロのグループの方が3ユーロのグループよりも、労働者が得ることになった変動報酬Vの額が平均で1.85ユーロも高く、統計的にも有意な差があった。

この結果は、固定報酬Ｆの額は被験者の労働時間の選択には影響を与えないという伝統的な経済理論の考え方を反証するものであると同時に、固定報酬Ｆの額が高いほど労働時間が長くなるという、クーセギとレイビンが提唱する期待に基づく参照点という考え方から導かれる予想と整合的なものであった。

　しかし、その後の研究ではアベラーらの実験は再現されていない。アベラーらの実験では120名の被験者であったが、カメラーら（Camerer et al., 2016）が318名の被験者を用いて再現実験を行ったところ、固定報酬Ｆの額が7ユーロのグループと3ユーロのグループとで被験者の労働時間の選択には統計的に有意な差が見られなかったことを報告している。

　エリクソンとフスター（Ericson and Fuster, 2011）によれば、アベラーらの実験結果は実験者（要求）効果の可能性がある。実験者効果とは、実験者が実験においてこうなってほしい（あるいは、ほしくない）という願望が知らず知らずのうちに被験者に伝わり、被験者の行動や選択に影響することをいう。たとえば、実験者が被験者に実験説明をする際の身振り手振りや言葉遣いから、被験者が実験者の意図を悟って、あるいは悟ったと思い込んで、本来選ぶはずだった行動から逸脱してしまうといった現象である。

　ちなみに、多くの実験では、こうした実験者効果を避けるために、実験で確かめたい理論や仮説を生み出した研究者以外の第三者が、実験の意図や期待される効果などを知

らされていないまま実験説明や実験の進行を行う二重盲検法が採用されている。もちろん、これだけでは完全に実験者効果を排除することはできない。特に、実験説明に含まれる内容や文言が、被験者になんらかのヒントを与えている、あるいは被験者がヒントを与えられていると思い込む可能性はなかなか排除できない。

エリクソンとフスターは、アベラーらの実験では、被験者に提示される固定報酬の額が、被験者が選ぶべき労働時間に対するヒントになっていた可能性があるという。

> この研究では、被験者は固定報酬の額(高いか低いか)がランダムに割り当てられていることを知らされていない。その結果、[筆者補足:たとえば、固定報酬の額が、実験者がどれくらい被験者に労働することを期待しているかについてのヒントとして受け止められているなら]被験者は固定報酬の額から『適切な』労働時間について(実際には間違って)推論しているかもしれない。
> (Ericson and Fuster, 2011, p.1882)

ここで、エリクソンとフスターが指摘しているアベラーらの実験デザイン上の問題点は、固定報酬の額が被験者にランダムに割り当てられているという事実を被験者が知りえないという点にある。実際の実験では、被験者たちはランダムに固定報酬の額が3ユーロと7ユーロのグループに分けられているが、たとえば、3ユーロの実験条件に割り

当てられた被験者たちは、ほかのグループでは固定報酬が7ユーロであることを知らない。そのため、3ユーロを稼ぐことが、あたかも実験での目標のように勘違いされてしまう可能性があるということである。

実際、この実験では50％の確率で変動報酬、50％の確率で3ユーロの固定報酬をもらえる場合、変動報酬がちょうど3ユーロになるような時間だけ労働すれば、くじの結果、報酬が変動報酬になろうと固定報酬になろうと、被験者は必ず3ユーロを得ることができる。固定報酬以上の変動報酬を稼いでも、くじの結果次第では低い方の固定報酬になる可能性があるし、変動報酬が固定報酬以下の場合、くじの結果次第では低い方の変動報酬になる可能性がある。そうしたリスクを避けるためには変動報酬がちょうど3ユーロになるようにすればいいのだと、このように被験者が考えるとすると、確かに、固定報酬が7ユーロであるグループの方が3ユーロのグループよりも労働時間が長くなるが、その結果を導いたのは、クーセギとレイビンが提唱する期待に基づく参照点とは全く異なる考え方である。したがって、アベラーらの実験結果からは、期待に基づく参照点が検証されたとは言えないということになる。

ニーズィら（Gneezy et al., 2017）は、「期待に基づく参照点依存性の限界」と題する論文の中で、いま述べたようなアベラーらの実験デザイン上の問題点を解消した次のような実験を報告している。

まず、被験者が行う課題はアベラーらの実験と同様に、

図1のような0と1からなる15桁の乱数列10行の中にある0の数を数えるというものである。被験者は正解するたびに20セントの変動報酬を稼ぐことができる。そして、実験後に50％の確率で稼いだ変動報酬を受け取り、50％の確率で固定報酬を受け取る。ここまではアベラーらの実験と同じである。違いは固定報酬の設定にある。

アベラーらの実験では、固定報酬の額が1つに決められていたので、あたかもそれが変動報酬の目標のように勘違いされる恐れがあった。そこで、ニーズィらは、固定報酬がランダムに決まるように実験デザインを変更した。

具体的には、50％の確率で固定報酬が選ばれた場合、さらに確率pで高い固定報酬H、確率qで低い固定報酬Lが与えられるようにしたのである。このように固定報酬の額をランダムにすることで、固定報酬の額は変動報酬、すなわち、労働時間の目標とはみなされないようにしたというわけである。

ニーズィらは、アベラーらの実験を再現するために、高い固定報酬Hが7ドルでそれが$p=0.5$、つまり、確率50％で当たるような条件と、低い固定報酬Lが3ドルでそれが$q=0.5$、つまり、確率50％で当たるような条件を含めるとともに、新たにHが14ドル、Lが0ドルであるような条件も加えた。また、HとLが当たる確率を50％以外にした場合も実験条件に加えている。この場合、アベラーらの実験とは違って、固定報酬はHである可能性もあればLである可能性もある。

こうしたニーズィらの実験においても、伝統的な経済理論に従えば、固定報酬の額H、Lやそれぞれの額が当たる確率p、qは被験者の労働時間の選択には影響しない。一方、期待に基づく参照点の考え方に従えば、低い固定報酬Lが当たる確率が低いほど、また、高い固定報酬Hが当たる確率pが高いほど、労働時間は長くなるものと予測された。

　ニーズィらの実験結果によれば、50％の確率で3ドルの固定報酬がもらえる場合よりも50％の確率で7ドルの固定報酬がもらえる場合の方が労働時間が長く、アベラーらの実験結果が再現されているが、固定報酬Lの値が0ドルのときよりも3ドルのときの方が労働時間は短くなっており、これは期待に基づく参照点の考え方とは矛盾している。また、固定報酬の額Hが14ドルの場合、Hが当たる確率pが高いほど労働時間は短くなるという期待に基づく参照点の考え方とは逆の結果になっている。

　ヘフェッツ（Heffetz, 2021）は、ニーズィらの実験と同様の設定の下で、固定報酬の額がHかLかランダムに決まっていることをより強調するような実験説明をした上で、やはり、期待に基づく参照点の考え方とは矛盾するような結果を得ている。

　このようなことから、クーセギとレイビンが提唱する期待に基づく参照点という考え方は、いまのところ実験室実験では支持されていないと結論されるだろう。

フィールドでの証拠

ここまでは、期待に基づく参照点という考え方について、実験室実験における検証結果を述べてきたが、フィールドでの検証ではどのような結果が得られているだろうか。

読者の中には、普段は駅前に多くのタクシーが駐車していて運転手が暇そうにしているのに、雨の日になるとタクシーがつかまりにくいという経験をした人もいるだろう。雨の日は晴れの日よりもタクシーを利用する人も多く、タクシー運転手にとっては書き入れ時なので、次々とお客を乗せた方が得であるにもかかわらず、タクシーがなかなかつかまらないということは、実は経済理論的には不思議なことである。

このような疑問を実際にニューヨーク市のイエローキャブ（タクシー）・ドライバーの業務データから調べたのが、カメラーら（Camerer et al., 1997）の研究である。キャブ・ドライバーは通常の労働者と異なり、12時間制のシフトの間、自分の好きな時間に営業を止めてもよいという特徴があった。そこで、カメラーらは、キャブ・ドライバーがシフトの間、営業を行っている時間と、そのときの平均的な売り上げ（カメラーらは「賃金」と呼んでいる）との関係を調べた。

いま、たとえば、キャブ・ドライバーにとって、晴れの日はタクシーを利用する客がなかなか見つからず、1時間あたりの売り上げが平均2万円であるのに対して、雨の日

にはすぐに客が見つかるので1時間あたりの売り上げが倍の平均4万円だとする。この場合、伝統的な経済理論に従えば、売り上げを最大化するために、雨の日の方がキャブ・ドライバーは営業時間を長くすると予想される。

しかし、カメラーらが調べた実際のデータでは、キャブ・ドライバーの営業時間は売り上げが多いと期待される日ほど短かったのである。カメラーらはこうした現象を、プロスペクト理論に従って、キャブ・ドライバーがある売り上げ高を参照点として持っているという観点から説明しようとした。

たとえば、先ほどの例で、キャブ・ドライバーは12時間のシフトの間に20万円の売り上げを稼ぐことを目標にしていたとする。これが参照点である。晴れの日では、この参照点に達するまでに平均10時間の労働が必要であるのに対し、雨の日は5時間で十分である。

もちろん、参照点に達したあとも営業を続ければその分、売り上げも増えるが、労働時間が長くなるほど労働コストも増加するので、参照点の売り上げを稼ぐ以上の労働はキャブ・ドライバーにとっては損失と感じられるはずである。また、売り上げが参照点に達しないかぎりはそれも損失と感じられるだろう。このように、キャブ・ドライバーが損失回避的ならば、参照点の売り上げを稼いだ前後で営業を終えるということが予想される。その結果、雨の日は晴れの日に比べて早く営業を終えてしまうということである。

しかし、ファーバー（Farber, 2005）は、カメラーらのデ

ータを、たとえば、熟練のドライバーと未熟なドライバーなどの、ドライバーのタイプごとの差異を考慮して、より適切に統計分析した結果、伝統的な経済理論とプロスペクト理論とでは優劣が付けられないということを明らかにした。その後、クロフォードとメン（Crawford and Meng, 2011）は、同じカメラーらのデータを、今度はクーセギとレイビンが提唱する期待に基づく参照点という考えに基づいたモデルを使って統計分析したところ、こちらの理論の方がよりよくデータを説明できることを明らかにした。ちなみに、これらの研究では、キャブ・ドライバーにとって参照点になる売り上げは、1日の間で一定であるという仮定の下に分析されていたが、タクラルとトー（Thakral and Tô, 2021）は、参照点は1日の間に変化することを指摘している。たとえば、午前中の営業でたまたま多くの売り上げを稼ぐというサプライズがあっても、ドライバーはすぐに昨日の参照点をアップデートはせず、徐々にその事実を反映していくというのが真実の姿であるということである。このように、タクラルとトーは適応的参照点という考え方を提示している。

　ニューヨーク市のキャブ・ドライバー以外を対象とした研究では、自転車で荷物を配達するスイスの労働者を対象としたランダム化比較試験を実施したフェアとゲッテ（Fehr and Goette, 2007）は損失回避的な労働者ほど賃金が増加したときに労働供給を減少させることを見出しており、YouTube のコンテンツ制作者のデータを調べたバルボス

とカイセン（Barbos and Kaisen, 2022）もプロスペクト理論と整合的な結果を得ているが、野球場で飲み物などを販売する売り子を対象にしたエッティンガー（Oettinger, 1999）やフロリダ州の漁師の労働供給を調べたスタッフォード（Stafford, 2015）、またインド南部の漁師たちの労働供給を調べたヒネら（Giné et al., 2017）は、むしろ、伝統的な経済理論の予測とおおむね整合的な結果を報告している。

このように、フィールドでの調査や実験における証拠を見ても、クーセギとレイビンが提唱する期待に基づく参照点という考え方は、人間行動に関する不変の真実であるというよりは、今後も検討が必要な1つの有力な仮説という域を出ないものだと結論せざるをえないように思われる。

参考文献

Abeler, J., Falk, A., Goette, L., Huffman, D.（2011）"Reference points and effort provision." *American Economic Review*, 101, 470-492.

Barbos, A., Kaisen, J.（2022）"An example of negative wage elasticity for YouTube content creators." *Journal of Economic Behavior and Organization*, 203, 382-400.

Camerer, C. F., Babcock, L., Loewenstein, G., Thaler, R. H.（1997）"Labor supply of New York City cabdrivers: One day at a time." *Quarterly Journal of Economics*, 112, 407-441.

Camerer, C. F., Dreber, A., Forsell, E., Ho, T., et al.（2016） "Evaluating replicability of laboratory experiments in economics." *Science*, 351 (6280), 1433-1436.

Crawford, V. P., Meng, J. (2011) "New York City cab drivers' labor supply revisited: Reference-dependent preferences with rational-expectations targets for hours and income." *American Economic Review*, 101, 1912-1932.

Ericson, K. M. M., Fuster, A. (2011) "Expectations as endowments: Evidence on reference-dependent preferences from exchange and valuation experiments." *Quarterly Journal of Economics*, 126, 1879-1907.

Farber, H. S. (2005) "Is tomorrow another day? The labor supply of New York City cabdrivers." *Journal of Political Economy*, 113, 46-82.

Fehr, E., Goette, L. (2007) "Do workers work more if wages are high? Evidence from a randomized field experiment." *American Economic Review*, 97, 298-317.

Giné, X., Martinez-Bravo, M., Vidal-Fernández, M. (2017) "Are labor supply decisions consistent with neoclassical preferences? Evidence from Indian boat owners." *Journal of Economic Behavior and Organization*, 142, 331-347.

Gneezy, U., Goette, L., Sprenger, C., Zimmermann, F. (2017) "The limits of expectations-based reference dependence." *Journal of the European Economic Association*, 15, 861-876.

Heffetz, O. (2021) "Are reference points merely lagged beliefs over probabilities?" *Journal of Economic Behavior and Organization*, 181, 252-269.

Kőszegi, B., Rabin, M. (2006) "A model of reference-dependent preferences." *Quarterly Journal of Economics*, 121, 1133-1165.

Kőszegi, B., Rabin, M. (2007) "Reference-dependent risk

attitudes." *American Economic Review*, 97, 1047-1073.

Oettinger, G. S. (1999) "An empirical analysis of the daily labor supply of stadium vendors." *Journal of Political Economy*, 107, 360-392.

Stafford, T. M. (2015) "What do fishermen tell us that taxi drivers do not? An empirical investigation of labor supply." *Journal of Labor Economics*, 33, 683-710.

Thakral, N., Tô, L. T. (2021) "Daily labor supply and adaptive reference points." *American Economic Review*, 111, 2417-2443.

■ 第3章 ■
一度手にしたものは手放すのが惜しくなる？
── 保有効果

第3章の実験

あなたははじめに**写真1**のマグカップを無償で与えられたと考えてください。このマグカップを**写真2**のチョコレート菓子と交換できるとしたら、あなたは交換しますか？

写真：アフロ

写真1

写真：mtree/アフロ

写真2

今度は、あなたははじめに**写真2**のチョコレート菓子を無償で与えられたと考えてください。このチョコレート菓子を**写真1**のマグカップと交換できるとしたら、あなたは交換しますか？

保有効果とは何か

フルートやバイオリンといった楽器の場合、比較的高価な代物であるため、購入前に試奏して自分に合った楽器なのか確かめるものである。もちろん、短時間の試奏では十分には楽器の良し悪しはわからないので、しばらく貸し出ししてもらうことがある。ハンドメイドの高価な楽器の場合、楽器量販店ではなく、遠隔地に住んでいる製作者から直接借り受けることもよくある。その場合には、往復の郵送料や損害保険料を支払う必要があるかもしれない。そうして借り受けた楽器を手元において、何日間か使用していると、癖のあるところも含めて愛着がわいてきて、どうしても手に入れたくなるものである。

また、食品や化粧品の通販では、初回無料のお試し品が提供されることがある。実際にサンプルを使用してみて、それがなくなってしまうと、また同じものが欲しくなるものである。このように、一度手に入れたものは、たとえ実際には価値が小さいかもしれなくても手放したくないという心理が働く。これは、2017年にノーベル経済学賞を受賞したリチャード・セイラーが保有効果（endowment effect）と名づけた現象である（保有効果は、賦存効果や授かり効果と呼ばれることもある）。

クネッチの実験

以下で述べるクネッチ（Knetsch, 1989）による研究は、

表1 クネッチの実験での選択割合

初期保有	参加人数	マグカップを選ぶ割合（％）	チョコレート菓子を選ぶ割合（％）
マグカップ	76	89	11
チョコレート菓子	87	10	90
初期保有なし	55	56	44

Knetsch（1989）より

この保有効果を実験室実験を通じて検証した初期の研究のひとつである。実験参加者の学生は3つのグループに分けられた。76人は実験者からマグカップ、87人はチョコレート菓子をそれぞれ初期保有として手渡され、残りの55人は何も手渡されなかった。マグカップを手渡された学生は、次にそれをチョコレート菓子と交換するかどうか尋ねられた。チョコレート菓子を手渡された学生は、次にそれをマグカップと交換するかどうか尋ねられた。最初に何も手渡されなかった学生はマグカップとチョコレート菓子、そのどちらを手に入れたいかを尋ねられた。ちなみに、マグカップは4.95ドル、チョコレート菓子は6ドルで販売されていることを学生たちは知っていた。この実験結果をまとめたのが表1となる。

最初に初期保有として何も手渡されなかったグループでは、マグカップを選ぶ人とチョコレート菓子を選ぶ人はおおよそ半々に分かれている。それに対して、マグカップを手渡された人の大半がそれを保持し続けることを選び、チ

ョコレート菓子を手渡された人の大半がそれを保持し続けることを選んでいる。最初に何も手渡されなかった人の好みがマグカップとチョコレート菓子にだいたい半分ずつに分かれているにもかかわらず、どちらかの財を手渡されるとその財を好む人が増えていることから、一度手にしたものを手放したくないという保有効果が存在することが実験的に示されたのである。

しかし、保有効果の存在は、伝統的な経済理論とは矛盾する。そのことを、図1～3を使って説明してみよう。

図1の横軸は所有するチョコレート菓子の数量で、縦軸は保有するマグカップの数量である。実験のはじめにマグカップを手渡された人は、マグカップが1つにチョコレート菓子が0なので、図のA点がその状態を表している。

ここで、図中に描かれた曲線は無差別曲線と呼ばれるもので、この線上にあるどのマグカップとチョコレート菓子の組合せも同じ満足度をもたらすものだと考える。C点はマグカップが0でチョコレート菓子が2つという状態を表しており、A点を通る無差別曲線の線上にはC点もあるので、このような無差別曲線を持つ人は、A点の組合せでもC点の組合せでも同じ満足度を得るのだと考えられる。

つまり、マグカップ1つとチョコレート2つが同じ価値であるということである。

$$\begin{matrix}\text{マグカップ1つ}\\\text{(A点)の満足度}\end{matrix} = \begin{matrix}\text{チョコレート菓子2つ}\\\text{(C点)の満足度}\end{matrix}$$

図1 最初にマグカップを手渡された人の無差別曲線

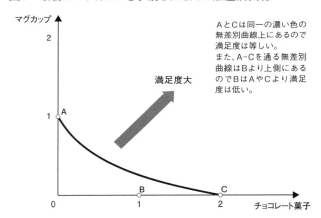

また、保有するマグカップやチョコレートの個数が多いほど満足度は高くなるはずなので、図1で右上にある財の組合せほど、高い満足度をもたらすことになる。

いま、この人がマグカップ1つと交換にチョコレート菓子1つを手に入れたとすると、B点の状態になる。しかし、B点はA点とC点を通る無差別曲線よりも下側に位置するため、A点やC点で表される組合せよりも低い満足度となる。したがって、この人は最初に手渡されたマグカップを手放さないと予測される。

次に、実験のはじめにチョコレート菓子を手渡された人の場合について、図2（次頁）を使って考えてみよう。

図2 最初にチョコレート菓子を手渡された人の無差別曲線

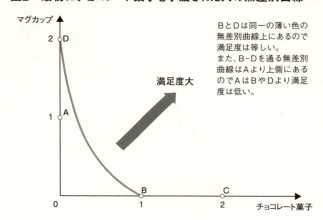

　図2の横軸は所有するチョコレート菓子の数量で、縦軸は保有するマグカップの数量である。実験のはじめにチョコレート菓子を手渡された人は、チョコレート菓子が1つにマグカップが0なので、図のB点がその状態を表している。

　ここで、D点はチョコレート菓子が0でマグカップが2つという状態を表しており、B点を通る無差別曲線の線上にはD点もあるので、このような無差別曲線を持つ人は、B点の組合せでもD点の組合せでも同じ満足度を得るのだと考えられる。つまり、マグカップ2つとチョコレート菓子1つが同じ価値であるということである。

図3　矛盾した無差別曲線

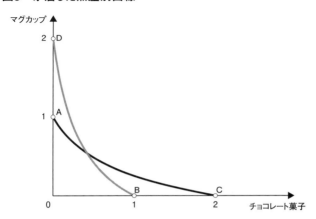

$$\begin{matrix}\text{マグカップ2つ} \\ \text{（D点）の満足度}\end{matrix} = \begin{matrix}\text{チョコレート菓子1つ} \\ \text{（B点）の満足度}\end{matrix}$$

　いま、この人がチョコレート菓子1つと交換にマグカップ1つを手に入れたとすると、A点の状態になる。しかし、A点はB点とD点を通る無差別曲線よりも下側に位置するため、B点やD点で表される組合せよりも低い満足度となる。したがって、この人は最初に手渡されたチョコレート菓子を手放さないと予測される。

　実験では、最初に何も手渡されなかった人の好みがマグカップとチョコレート菓子にだいたい半分ずつに分かれているにもかかわらず、マグカップを手渡されるとマグカッ

プを、チョコレート菓子を手渡されるとチョコレート菓子を好むようになった。したがって、図1の状況であるか図2の状況であるかは、実験の最初に手渡される財の種類によって決まっているのであって、一人ひとりの選好によっては違いがないと考えられる。だとすると、図1と図2は、実験の最初に手渡される財の種類に応じた、同じ人の選好を表していることになる。そこで、この2つのグラフを1つにまとめてみたのが図3（前頁）である。

この図では2つの無差別曲線が交差しているが、これは矛盾である。というのは、いまB点は、A点を通る濃い色の無差別曲線よりも下側にあるので、A点はB点より好まれているが、A点は、B点と同じ満足度のD点を通る薄い色の無差別曲線より下側にあるので、B点はA点より好まれていることになるからである。しかし、濃い色の無差別曲線も薄い色の無差別曲線も同じ人の選好を表していたはずである。したがって、この人にとってはA点はB点より好ましいと同時にB点はA点より好ましいことになり、矛盾が生じるのである。

このように、伝統的な経済理論の観点からすれば、保有効果が存在する場合には、人々の選択には矛盾が生じていることになる。それでは、この実験結果をプロスペクト理論で考えてみるとどうなるだろうか。

価値関数が矛盾を解消する
　　——プロスペクト理論による説明

　伝統的な経済理論からすれば矛盾とみなされた保有効果を示す選択であるが、プロスペクト理論で考えれば矛盾は生じないというのが、セイラー（Thaler, 1980）の主張である。

　これまでも説明してきたように、プロスペクト理論では、参照点を基準として取引の結果を利益と損失という2つの局面に分離し、同じ金額の利益よりも損失の方を重く評価する損失回避性が存在すると考える。こうした選択の特徴は価値関数によって表現することができた。そこで、先ほど示したクネッチの実験で見られる保有効果を、価値関数を使って調べてみることにしよう。

　図4（次頁）には、クネッチの実験で、最初にマグカップを手渡された人についてのマグカップに対する価値関数とチョコレート菓子に対する価値関数が描かれている。横軸はそれぞれの財の量で、縦軸は満足度を表している。

　一般には、人はマグカップとチョコレート菓子に対して異なる満足度を感じるはずなので、2つの価値関数も同じ形状（傾き）にはなっていない。ただし、プロスペクト理論の標準的な仮定に基づいて、価値関数は参照点から見て右側の利益局面でも左側の損失局面でも感応度逓減的なS字型の曲線となっている。

　また、人は一般的に損失回避性を示すという仮定から、

**図4 プロスペクト理論による保有効果の説明
（初期保有がマグカップの場合）**

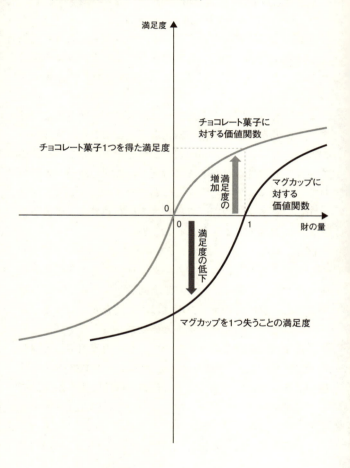

財を1つ失う際の価値の大きさの方が、同じ財を1つ手に入れた際の価値の大きさよりも大きいものとする場合が多いが、実はこの場合、損失回避性を仮定する必要はない。以下で説明するように、マグカップとチョコレート菓子に対する価値関数の傾きの違いだけで保有効果を説明することができる。

最初にマグカップを手渡されて実験に参加した人はマグカップ1つを保有し、チョコレート菓子を持っていない状態で、財を交換するかどうかの意思決定を行う。そこで、マグカップに対する価値関数の参照点は1で、チョコレート菓子に対する価値関数の参照点は0とする。また、参照点の定義上、それぞれの場合の満足度の値は0である。

さて、この人は最初に手渡されたマグカップをチョコレート菓子と交換するだろうか？　もし交換すれば、マグカップの量は0となり、そのとき満足度が低下するはずである。一方、交換にチョコレート菓子を1つ手に入れるので、チョコレート菓子の量は1となり、そのとき満足度は増加するはずである。これらの満足度の増減を差し引きすると、図のように満足度の低下の方がその増加よりも大きいなら、この人はこの交換で損失を被ることになる。[*1]

もし交換しなければ、最初に手渡されたマグカップを保有し続け、チョコレート菓子は手に入らないので、この人にとって満足度の増減はない。したがって、この人はマグカップをチョコレート菓子とは交換しないだろうことが予測される。

**図5 プロスペクト理論による保有効果の説明
（初期保有がチョコレート菓子の場合）**

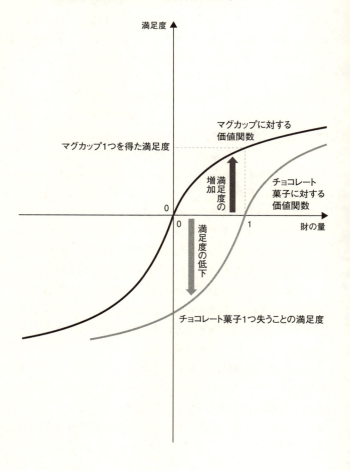

次に、クネッチの実験で、最初にチョコレート菓子を手渡された人について考えてみよう。図5には、この場合のマグカップに対する価値関数とチョコレート菓子に対する価値関数が描かれている。なお、それぞれの価値関数は図4のものから参照点の平行移動によって得られたものである。

　最初にチョコレート菓子を手渡されて実験に参加した人はチョコレート菓子1つを保有し、マグカップを持っていない状態で、財を交換するかどうかの意思決定を行う。そこで、チョコレート菓子に対する価値関数の参照点は1で、マグカップに対する価値関数の参照点は0とする。また、それぞれの場合の満足度は0である。

　さて、この人は最初に手渡されたチョコレート菓子をマグカップと交換するだろうか？　もし交換すれば、チョコレート菓子の量は0となり、そのとき満足度は低下するはずである。一方、交換にマグカップを1つ手に入れるので、マグカップの量は1となり、そのとき満足度は増加するはずである。これらの満足度の増減を差し引きすると、図のように満足度の低下の方がその増加よりも大きいなら、この人はこの交換で損失を被ることになる。[*2]

　もし交換しなければ、最初に手渡されたチョコレート菓子を保有し続け、マグカップは手に入らないので、この人にとって満足度の増減はない。したがって、この人はチョコレート菓子をマグカップと交換しないだろうことが予測される。

**図6 プロスペクト理論による保有効果の説明
（初期保有がない場合）**

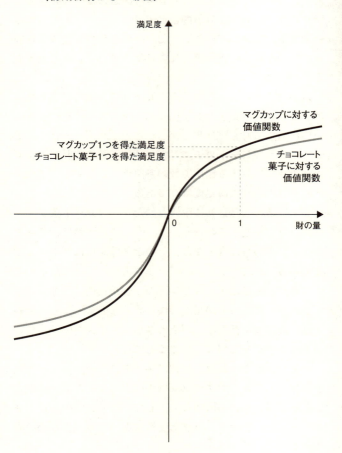

最後に、クネッチの実験で、最初に何も手渡されなかった人について考えてみよう。図6には、この場合のマグカップに対する価値関数とチョコレート菓子に対する価値関数が描かれている。なお、これらの価値関数も図4のものから参照点を平行移動することによって得られている。

　実験の最初に何も手渡されずに参加した人はマグカップもチョコレート菓子も持っていない状態で、どちらの財を手に入れるかの意思決定を行う。そこで、マグカップに対する価値関数の参照点もチョコレート菓子に対する価値関数の参照点も0とする。また、参照点における満足度は0である。

　この人がマグカップを手に入れようとするかチョコレート菓子を手に入れようとするかは、利益局面での価値関数の形状によって決まる。図6では、マグカップを1つ手に入れたときの満足度の方がチョコレート菓子を1つ手に入れたときの満足度よりも大きいので、この人はマグカップを手に入れようとするのだと予測できる。

　こうして、プロスペクト理論の価値関数を使えば、クネッチの実験で観察された保有効果を参照点の平行移動だけで合理的に説明できることがわかった。

市場での取引経験の影響

　しかしながら、リスト（List, 2003; List, 2004; List, 2011）はその一連のフィールド実験を通じて、クネッチの発見した保有効果は、市場での取引経験が豊富な人については成立

表2 リストの実験での交換割合

	選択	割合(%)
ディーラー(74名)	AをBと交換	45.7
	BをAと交換	43.6
ディーラー以外(74名)	AをBと交換	20.0
	BをAと交換	25.6
総計(148名)	AをBと交換	32.8
	BをAと交換	34.6

List (2003) より

しないことを示している。

　リストの実験のひとつ (List, 2003の処理1) は、スポーツ・カードに関するイベント会場で開催された。リストはその一角にブースを構え、やってきたイベント参加者に対して、ちょうどクネッチの実験と同様の手順で、2つの野球に関する歴史的な記念品AかBのいずれか1つをランダムに初期保有として与えた上で、もう片方の記念品と交換するかどうかを尋ねた。

　リストは、このグループとは別に、同じ会場でスポーツ・カードを販売するディーラーに対しても同様の実験を実施した。つまり、前者のグループが取引にあまり経験のない人のグループで、後者が取引に十分な経験のある人のグループということになる。

　記念品AとBの割り当ては均等の確率で行われているの

で、もし保有効果がなければ、記念品AをBと交換する割合と記念品BをAと交換する割合は等しくなるはずである。表2には、リストの実験での交換割合がまとめられている。

統計的検定の結果によれば、両方のグループのデータを合計した場合とディーラー以外の場合では、記念品AをBと交換する割合と記念品BをAと交換する割合には統計的に有意な差が存在したが、ディーラーだけの場合には差がないという結論だった。つまり、市場での取引経験の少ないグループでは保有効果が見られたが、取引経験の多いディーラーの場合には保有効果は観察されなかったのである。

リストはさらに、この実験の約1年後に、ディーラー以外の74名に再度、実験に参加するように要請した（List, 2003の処理3）。それは、保有効果を示したディーラー以外の人々には、保有効果を生じやすい人々がたまたま偏っていたかもしれないからである。彼らは、この1年間のスポーツ・カードの取引経験（月に7回以上かどうか）を基に、経験の多い被験者と経験の少ない被験者に分けられた。その結果は、やはり取引経験が少ないグループでは保有効果が見られたが、取引経験の多いグループでは保有効果が見られなかった。ということで、彼らがたまたま保有効果を生じやすい選好を持った人々だったわけではなく、取引経験の多寡が保有効果を生じるかどうかを決めているのだということが確認されたのである。

先ほどの実験では野球に関する歴史的な記念品といったレアなお宝を対象としているため、クネッチの実験のよう

に消費者が普段から見慣れている商品(マグカップやチョコレート菓子)の場合とは異なる結果になってもおかしくないという批判に答えるため、リストはさらに次のような実験を実施している(List, 2004)。先ほどの実験と同様に、スポーツ・カードに関するイベント会場で、ディーラーとそれ以外のグループに対して、歴史的な記念品AとBを交換するという設定のほかに、クネッチの実験と同じくマグカップとチョコレート菓子を交換するという設定も試したのである。その結果はやはり、歴史的な記念品であれ普段から見慣れている商品であれ、取引経験が少ないディーラー以外のグループでは保有効果が見られるが、取引経験の多いディーラーのグループでは保有効果は見られないというものであった。

上記2つの実験では、実験参加者の取引経験は各自の自発的な選択の結果であり、取引経験の多寡が実験参加者の選好となんらかの関係(相関)を持っているかもしれないという疑問がある。そこでリストは、取引経験が少ないディーラー以外のグループをランダムに2つのグループに分け、一方のグループでは実験的に取引の経験をさせ、もう一方のグループでは取引の経験をさせないようにした上で、歴史的な記念品AとBを交換するかどうかを尋ねる実験をさらに実施した(List, 2011)。その結果は、実験的に取引経験をさせられなかったグループでは保有効果が見られるが、取引経験をさせられたグループでは保有効果は見られず、取引経験の有無が保有効果の有無と関係するという結果が

得られたのであった。

選択上の不確実性と取引上の不確実性

エンゲルマンとオラール（Engelmann and Hollard, 2010）は、取引経験の有無がどのような理由で保有効果に影響するのか、2つの仮説を立てた。1つ目は「選択上の不確実性」である。取引経験が少ないと、手元に保有している財と交換することになる財について知識不足であるため、人はこれらの財に対する選好をそもそも形成できず、そのため保有している財を手放すのを躊躇するということである。2つ目は「取引上の不確実性」である。たとえ、財に対する正しい知識があり、財について選好を形成できているとしても、取引相手を見つけるのに時間や手間がかかったり、自分の望み通りの価格で取引するために交渉したりと、さまざまな取引費用が発生しうるが、取引経験が少ないとこうした費用についてよくわからず、そのため保有している財を手放すのを躊躇するということである。

そこで、エンゲルマンとオラールは保有効果を生み出しているのが選択上の不確実性なのか取引上の不確実性なのかを確かめる実験室実験を実施した。実験は2段階に分けて実施された。

最初が「取引ステージ」で、被験者には2つの財のうち1つがランダムに初期保有として与えられた。財は、コーヒー豆や米のパック、ノートやボールペンといったもので、その価値が自明ではないものが選ばれている。5分間の取

引ステージにおいて、「自由取引条件」では、被験者は保有している財をほかの人の保有している財と交換してもよいし、交換しなくてもよいという指示が与えられた。そして、取引ステージ終了時に手元にある財が報酬として与えられた。「強制取引条件」では、取引ステージ終了時に、初期保有の財を保持していた場合はそれが没収されるという点が自由取引条件と異なっていた。したがって、この場合、ほかの人と財を交換するしかないわけである。

こうした取引ステージを3ラウンド行ったあと、「交換ステージ」では、被験者にはDVD−Rかコピー用紙の束（実験1）、あるいは、クネッチと同様にマグカップかチョコレート菓子（実験2）、そのいずれかが初期保有として与えられ、それをもう一方の財と交換するかどうかを尋ねられた。

つまり、この実験では、どの条件でも財の価値に関する不確実性は同一であるので、「選択上の不確実性」の影響はどの条件でも同一になっている。その上で、取引ステージで取引を強制することで取引の経験をさせた場合に、「取引上の不確実性」が減少した結果、保有効果がなくなるかどうかを確かめようとしたのである。なお、2つの財のいずれかが均等の確率で初期保有として割り当てられていることから、もし保有効果がなければ、半数の被験者が初期保有の財をより好みの財に交換しようとするはずである。

実験の結果は、「自由取引条件」を経験したあとに交換

ステージに参加した被験者は、50％以上が初期保有を手放すことを躊躇する傾向が見られたが、「強制取引条件」を経験した被験者で初期保有の財を手放したのはほぼ50％であった。このことから、取引上の不確実性が保有効果を生み出す原因であるとエンゲルマンとオラールは結論している。

エンゲルマンとオラールの実験では、「選択上の不確実性」の影響はどの条件でも同一であるため、「選択上の不確実性」が保有効果を促したのかどうかは確かめようがない。そこで、「選択上の不確実性」を変化させた条件で実験を行ったのがマクグラナハンとオットー（McGranaghan and Otto, 2022）である（実験EP1）。被験者には、2種類のチョコレートのいずれかが入った紙袋が初期保有として手渡される。紙袋は、区別のために四角または丸が書かれたメモが貼り付けられており、四角の方の紙袋に入ったチョコレートは「リッチな味わい」、丸の方の紙袋に入ったチョコレートは「ぜいたくな味わい」であるとだけ説明された。こうして2つの財をほとんど比較しようのない状態にすることで「選択上の不確実性」を導入している。

被験者はランダムに2つのグループに分けられ、グループ1では、この状態で初期保有として手渡されたチョコレートを別のものと交換するかが尋ねられた。グループ2では、その選択をする前に、両方のチョコレートを味見することができた。つまり、グループ2では味見を通じて財の価値の違いを知る機会が与えられ、「選択上の不確実性」

がかなり解消された状態で財を交換するかどうかの選択を行ったわけである。実験結果は、味見をした上で選択をしたグループ2では被験者の49%が初期保有を手放したが、グループ1では被験者の8%が初期保有を手放したにすぎず、保有効果が観察された。したがって、「選択上の不確実性」が保有効果を生み出すことが検証されたのである。

これらの研究から、「選択上の不確実性」であれ「取引上の不確実性」であれ、取引経験の不足から保有効果が生じることが示されたのである。

繰り返し実験の影響

先ほどは、市場での取引経験が多いほど保有効果は生じないことを示す一連の研究を紹介したが、ショグレンら(Shogren et al., 1994)は、同じ実験を繰り返し実施することを通じて保有効果が減少していくことを示している。

ショグレンらの実験では、これまで紹介した実験とは異なり、被験者は初期保有として与えられた財を手放すとしたら、その代わりに最低いくらの金額を受け取りたいか(これを受取意志額WTAという)を尋ねられるか、初期保有がない状態で財を手に入れるためには最高いくらの金額を支払ってもよいか(これを支払意志額WTPという)を尋ねられた。もし保有効果が存在するなら、WTAの方がWTPより大きくなるはずである。

ここで、WTAやWTPを測定するためにショグレンらが使用したのは2位価格オークションである。まず、15名

の被験者にそれぞれ15ドルの初期資金が与えられる。WTPを測定するためのオークションでは、被験者は5.2ドル相当のマグカップを手に入れるために競争する[*3]。被験者は同時に入札価格を提示し、最高価格を提示した被験者がマグカップを落札するが、その際2番目に高い価格を支払う。落札できなかった被験者は何も支払う必要がない。これがオークションのルールである。

　WTPを測定するための2位価格オークションでは、被験者は自分のWTPに等しい価格を入札することが最適戦略になる（詳しい証明は川越, 2021を参照）。

　たとえば、マグカップに対するWTPが6ドルの被験者Aを考えよう。もしこの被験者Aが6ドルより高い価格、たとえば、7ドルを入札したとする。このとき、この被験者Aがたまたま落札者になったとする。ここで、ほかの被験者Bが入札した価格が2番目に高く、それが7ドルより低いが6ドル以上だったとする（たとえば、6ドル50セント）。すると、被験者Aは最高で6ドルまで支払ってもよいと考えていた財に対して、2番目に高い価格である6ドル50セントを支払うことになる。したがって、WTPである6ドルより高い価格を入札すると損をする可能性があることがわかる。

　逆に、WTPが6ドルであるこの被験者Aが6ドルより低い価格、たとえば、5ドルを入札したとする。このとき、ほかの被験者Bがたとえば5ドル50セントを入札していれば、被験者Bが落札者になる。しかし、もし被験者Aが

WTPである6ドルを入札していれば落札できたはずである。また、そのとき2番目の価格は5ドル50セントであるから、それを支払って6ドルの価値のある財を手に入れるのであるから損はない。このように、WTPである6ドルより低い価格を入札すると、みすみす落札できるチャンスを逃すことになる。

したがって、2位価格オークションでは自分のWTPに等しい価格を入札することが最適戦略なのである。

WTAを測定する場合にも2位価格オークションが用いられる。15名の被験者にそれぞれ15ドルの資金と5.2ドル相当のマグカップが初期保有として与えられ、そのマグカップを手放すために受け取りたい最低価格を同時に入札する[*4]。一番低い最低価格を提示した被験者が「落札者」となりマグカップを手放すことができ、その際2番目に低い価格を受け取る。落札できなかった被験者は何も手放すことなく、何も受け取らない。

このWTAを測定するための2位価格オークションにおいても、被験者は自分のWTAに等しい価格を入札することが最適戦略になる。

たとえば、マグカップに対するWTAが6ドルの被験者Aを考えよう。もしこの被験者Aが6ドルより低い価格、たとえば、5ドルを入札したとする。このとき、この被験者Aがたまたま「落札者」になったとする。ここで、ほかの被験者Bが入札した価格が2番目に低く、それが5ドルより高いが6ドル以下だったとする（たとえば、5ドル50セ

ント)。すると、被験者Aは最低でも6ドルを受け取りたいと考えていた財に対して、2番目に低い価格である5ドル50セントを受け取ることになる。したがって、WTAである6ドルより低い価格を入札すると損をする可能性があることがわかる。

逆に、WTAが6ドルであるこの被験者Aが6ドルより高い価格、たとえば、7ドルを入札したとする。このとき、ほかの被験者Bが6ドル50セントを入札していれば、被験者Bが「落札者」になる。しかし、もし被験者AがWTAである6ドルを入札していれば落札できたはずである。また、そのとき2番目の価格は6ドル50セントであるから、それを受け取って6ドルの価値のある財を手放すのであるから損はない。このように、WTAである6ドルより高い価格を入札すると、みすみす落札できるチャンスを逃すことになる。

したがって、2位価格オークションでは自分のWTAに等しい価格を入札することが最適戦略なのである。

さて、ショグレンらの実験では、WTPを測定するための2位価格オークションとWTAを測定するための2位価格オークションが、それぞれ別々の被験者グループに対して実施された。15名の被験者が10回繰り返してオークションを行い、そのWTPおよびWTAの平均をグラフにしたのが図7(次頁)である。最初の2回目まではWTAの平均の方がWTPの平均よりも2〜3倍高いが、3回目以降はWTAとWTPの差はほとんどなくなってしまっている。

図7 ショグレンら (1994) の実験結果

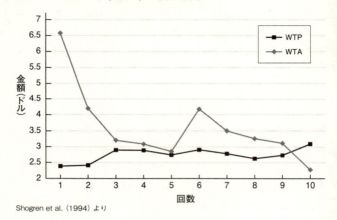

Shogren et al. (1994) より

　このような傾向は、オークションされる財の種類を変えてもほとんど変わらなかった。クネッチの実験で見られた保有効果、つまり、WTAがWTPよりも大きいという現象は、実験を繰り返すことでほぼ消滅してしまうということである。この結果は、市場での取引経験が多い人ほど保有効果を示さないという先ほど紹介した研究結果とも整合的なものである。

　すでに述べたように、2位価格オークションでは、入札価格をオークションされる財に対する価値（WTPやWTA）に等しくすることが最適戦略となっていた。つまり、入札価格を見れば、その人にとっての財の価値がわかる仕組みとなっていた。このように、2位価格オークションでは、

最適戦略を選ぶ結果、人は財に対する自分自身の価値（評価）を正直に申告することになる。2位価格オークションが持つこのような性質を「誘因両立性」という。

クネッチら（Knetsch et al., 2001）は、2位価格オークションと9位価格オークションを比較する実験を実施して、ショグレンらの研究に対する反論を試みている。たとえば、WTPを測定する場合、1位から8位までの価格を入札した8人の被験者が落札し、全員が9位の価格を支払うのが9位価格オークションであるが[*5]、9位価格オークションもまた誘因両立性という性質を持っている。つまり、各被験者にとって、自分自身のWTPと等しい価格を入札することが最適戦略になっている。

クネッチらは、初期保有としてマグカップを与えてWTAを測定する場合と、初期保有を与えずにマグカップを手に入れる際のWTPを測定する場合について、それぞれ2位価格オークションを使用した場合と9位価格オークションを使用した場合を比較する実験室実験を行った。図8（次頁）はWTAとWTPの平均をグラフにしたものであるが、2位価格オークションではWTAとWTPに差は見られないが、9位価格オークションではWTAがWTPより3倍以上高い値となっており、その差は実験を繰り返しても解消していないことがわかる。

2位価格オークションも9位価格オークションも、ともに誘因両立的なルールであるにもかかわらず、このように大きな差が生じたことから、財の価値を評価する実験では、

図8 クネッチら(2001)の実験結果

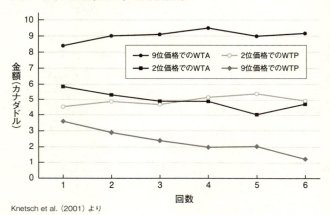

Knetsch et al. (2001) より

使用されるオークションのルール次第で評価が変わりうるということが示されたわけである。つまり、クネッチらは、保有効果の有無を確かめるためにWTAやWTPの測定に使用される実験手法そのものに信頼性がなく、したがって、ショグレンらの実験結果も信頼できないということを主張しているのである。

既存の実験手続きへの懐疑

プロットとゼイラー(Plott and Zeiler, 2005)は、カーネマンら(Kahneman et al., 1990)によって実施された保有効果に関する古典的な実験を再現した上で、WTPとWTAの乖離は、実験での財の評価手続きに関する被験者の勘違

いによるものだということを実験的に示している。

　プロットとゼイラーは最初に、WTPとWTAの乖離に関して実施された主要な実験室実験についてサーベイを行い、必ずしもそのすべてでWTPとWTAの乖離が見られたわけではないことを確認している。そこで検討されたのは1984年から2002年までに実施された39件の研究である。そのうち12件（約30％）の研究ではWTPとWTAの乖離が確認されなかった。

　次に、プロットとゼイラーは、これらの研究での実験デザインや実験手法の違いを検討した。これらのWTPとWTAの乖離に関する研究では、財の評価にあたって2位価格オークションなどの誘因両立性を満たす手法、つまり、自分自身のWTP（あるいはWTA）に等しい価格を入札することが最適であるような手法が使用されることがある。こうした実験手法を利用した研究が39件中22件（約56％）であったが、その最適戦略を被験者に事前に正しく通知していたのは、そのうちわずかに4件であった。つまり、誘因両立性を満たす手法を使っていた22件中4件（約18％）の研究でしか、真の評価を提出することが最適であると被験者には知らされていなかったことになる。

　また、財の評価を提出する前において、実験での評価手法に関する練習ラウンドがあった場合に、そのときの結果に基づいて報酬が支払われていたのは39件中19件（約49％）であるが、そのうち、13件（約68％）では被験者の一部、あるいは練習ラウンドの一部がランダムに選ばれ、それに

**表3 プロットとゼイラー(2005)による
カーネマンら(1990)の実験の再現結果**

N=29	平均値	中央値	標準偏差
WTP	1.74	1.50	1.46
WTA	4.72	4.50	2.17

数値はドル、Plott and Zeiler (2005) より

ついてのみ報酬が支払われていた。

プロットとゼイラーは、これらの結果から、WTPとWTAとの間に乖離が見られたとしても、被験者には最適戦略を含む実験で使用される評価手法の詳細が知らされておらず、練習ラウンドがあっても報酬がないか一部にしか支払われないので練習に対するモチベーションもないため、被験者が提出する財に対する評価は、評価手法の誤解に基づいたバイアスのあるものだと考えた。

そこで、プロットとゼイラーは最初に、上記のようなバイアスを生みやすいと考えられる実験手法の例として、古典的なカーネマンら(1990)の実験を追試した。実験では、カリフォルニア工科大学の学部生を対象に、まず報酬を伴わない練習ラウンドを2回繰り返し、次に7ドルの価値があるマグカップに対する評価を行わせた。また、最終的な利得は匿名的ではない形で支払われた。

その結果は表3の通りである。WTPの平均値は1.74ドルであるのに対してWTAの平均値は約2.7倍の4.72ドルであり、カーネマンらのいう保有効果が生じることが再確認

**表4 プロットとゼイラー（2005）による
カーネマンら（1990）の実験手法を改善した場合の結果**

N=36／N=38	平均値	中央値	標準偏差
WTP	6.62	6.00	4.20
WTA	5.56	5.00	3.58

数値はドル、Plott and Zeiler（2005）より

できた。

　次に、プロットとゼイラーは、カーネマンらの実験手法にあった財の評価にバイアスを生じさせる要因をなるべく排除した次のような実験を実施した。実験は全体で15ラウンドからなり、最初の14ラウンドでは、くじを売り買いするものとしてその評価を尋ねた。研究の焦点は最後の15ラウンド目でのマグカップに対する評価で、1－14ラウンドは報酬を伴う練習ラウンドとして位置づけられている。

　各ラウンドの詳細は以下の通りである。1－3ラウンドでは売り手の立場で少額が当たるくじに対するWTAを聞き、4－6ラウンドでは買い手の立場で少額が当たるくじに対するWTPを聞き、7－10ラウンドでは売り手の立場で高額が当たるくじに対するWTAを聞き、11－14ラウンドでは買い手の立場で高額が当たるくじに対するWTPを聞き、最後の15ラウンドでマグカップの評価を行わせた（注：実験1と3はこの順序で各課題が実施され、実験2では異なる順序で課題が実施されている）。

　その結果は表4の通りである。WTPの平均値は6.62ド

ルであるのに対してWTAの平均値は5.56ドルであり、WTPとWTAの平均値には統計的に有意な差はなかった。このことから、プロットとゼイラーは、これまでの研究で見られたWTPとWTAの乖離は、実験での財の評価手法に関して被験者が誤解していたためであると結論している。

イゾーニら（Isoni et al., 2011）は、プロットとゼイラーの研究に対するコメント論文において、報酬が支払われている以上、前半のくじに対する評価も財の評価実験として考慮すべきであるとして、プロットとゼイラー（2005）のデータに加えて、彼ら自身の再実験データを分析した。その結果によれば、マグカップに対する評価では、やはりWTPとWTAの乖離は見られなかったものの、くじに対する評価ではWTPとWTAの乖離があることを確認した。

なお、プロットとゼイラー（2011）はイゾーニらに対する応答論文において、自分たちが指摘し、実験的に検証したのは、マグカップの評価のように、リスクのない状況における選択においては、WTPとWTAの乖離は、財の評価手法に関する被験者の誤解によるものだということだけであり、くじの評価のようにリスクのある状況における選択については、もっと他に実験的に統制すべき変数があるため、検討の範囲外であると反論している（このような状況に関する研究は次章で紹介する）。また、イゾーニらにおける被験者はプロットとゼイラーに比べて、被験者自身のWTP（WTA）からの逸脱が大きく、信頼がおけないものだとも指摘している。

ちなみに、ケイソンとプロット（Cason and Plott, 2014）は、自分自身のWTP（WTA）に等しい価格を入札することが最適であるような誘因両立的手法について、実験説明において最適戦略を伝えられていない被験者は、WTAをWTPより高くする傾向があることを実験室実験で示しているが、バートリングら（Bartling et al., 2015）は、被験者に十分な説明を行い、誘因両立性をよく理解した被験者でさえ、WTAをWTPより高くする傾向があることを見出している。

ここまでは2位価格オークションのような誘因両立的な手法により財に対するWTPとWTAを聞き出す手法に関する論争を紹介したが、プロットとゼイラー（2007）は、本章の冒頭で紹介したクネッチ（1989）の実験手続きについて疑問を投げかけている。この実験では被験者にマグカップかチョコレート菓子を初期保有として与えるが、その際、「これはあなたの所有物です」という趣旨の説明がなされている。これを聞いた被験者は、与えられたものは実験者からのギフトだと解釈するだろう。だとすると、人からギフトとしてもらったものを他のものに交換するのはためらわれるのではないか？　ということである。

あるいは、実験者が、たとえばマグカップを自分のために特に選んで手渡してくれたのだから、こちらの方がチョコレート菓子よりも価値が高いに違いないといった推測をしたり、与えられたものを手放さないことが実験者に期待されている選択なのかもしれないと考えたり、実験者の意

図を推測して、自分自身の選好とは異なる選択をあえてする「実験者効果」が生じているのかもしれない。さらに、クネッチの実験では、与えられた財を交換する際は手を挙げて知らせることになっていた。そうすると、ほかの人の様子を見て手を挙げた人がいたかもしれない。

そこで、プロットとゼイラーが、こうした疑問点が生じないように実験手続きを修正したところ、保有効果は生じなかったのである。

このように保有効果がそれを観察するためにデザインされた実験手法に依存して生じる人為的産物なのかどうかについては、実験手法の評価も含め現在も議論が続いている。

期待に基づく参照点

WTA が WTP より高くなるという保有効果については、損失回避性とは違う別の説明が可能であるとする研究もある。イゾーニ（2011）は、被験者は期待している取引価格（参照価格という）に比べて、安く買って高く売ることができれば良い取引、高く買って安く売れば悪い取引と考え、悪い取引を避けるというモデルを提案している。

このモデルでは、一般に参照価格が高いほど、初期保有として無償で与えられた財を高く売ることができるため、財と交換に受け取る金額 WTA が高くなると予想される一方、初期保有がない状態でその財を手に入れるためには高い価格を支払わないといけなくなり、財を手に入れることをあきらめる傾向があるため、支払意志額 WTP は低くな

**表5　ウィーバーとフレデリックの実験(研究1)における
　　　　WTAとWTPの平均**

	低価格条件	高価格条件
WTA	1.58	2.88
WTP	1.20	1.54

数値はドル、Weaver and Frederick (2012) より

ると予想される。その結果、WTA の方が WTP よりも高くなる。

　ウィーバーとフレデリック (Weaver and Frederick, 2012) は、イゾーニの理論を検証する実験を行っている。125名の大学生を対象にして、財としてチョコレート菓子を使用し、WTA あるいは WTP を誘因両立的な手法で聞き出している。その際、半分の被験者には「参考価格」が4ドルだという情報が伝えられ(高価格条件)、残り半分には参考価格が1.49ドルだと伝えられた(低価格条件)。この情報により被験者が期待する参照価格を実験的に操作したのである(研究1)。実験結果は、表5にまとめられている。

　どちらの条件でも WTA の平均が WTP の平均よりも高いが、統計的に有意な差があったのは高価格条件だけで、低価格条件では WTA と WTP に有意な差はなかった。また、WTP については2つの条件の間で統計的に有意な差はなかったが、WTA については有意な差が見られた。このことから、WTA と WTP のギャップは、参照価格によって変わりうること、また WTA が参照価格の影響を受け

やすいことがわかった。この傾向性は、最近の研究でも確証されている（Achtypi et al., 2021）。

こうした研究から、WTAがWTPより高くなるという保有効果は、すでに所有している財を手放すことの損失が、まだ所有していない財を手に入れることの利益の大きさより大きいという損失回避性だけでは十分説明できないことがわかった。

ところで、イゾーニらの研究で導入された参照価格とは参照点の一種と考えられ、特にそれが被験者の期待する値という意味では、前章でも紹介したクーセギとレイビンの期待に基づく参照点の理論（Kőszegi and Rabin, 2006）と共通する部分がある。クーセギとレイビンによれば、参照点は、最近の経験から被験者が合理的に形成する将来の予測（期待）によって決まる。参照価格もまた、被験者の最近の取引経験から形成されているものと考えられるので、参照点の一種と見ることができるだろう。

エリクソンとフスター（Ericson and Fuster, 2011）は、クーセギとレイビンの期待に基づく参照点の理論を検証する実験を行っている。その実験（実験1）では、クネッチの実験と同様に、被験者に最初に初期保有としてマグカップを与え、それをペンと交換するかどうかを尋ねている。

ただし、従来の実験と異なるのは、この交換の機会が確率的に与えられていることである。つまり、確率pで初期保有のマグカップをペンと交換できるが、確率$1-p$で全く交換ができないということである。このとき、クーセギ

とレイビンの理論に基づけば、初期保有のマグカップを交換できる機会が生じる確率 p が小さいほど、被験者は初期保有を手放さない傾向がある。直観的に言えば、確率 p が低いと、仮に初期保有のマグカップを手放す決定をしてもそれが実現する確率は低いというのが被験者の合理的な期待となる。そのため、最初から交換をあきらめる決断をしやすくなるということである。

エリクソンとフスターは、交換できる機会が生じる確率 p が10％の場合と90％の場合を比較し、マグカップをペンと交換する決定をする割合は前者では23％であるのに対して後者では57％となり、クーセギとレイビンの理論の予測と整合的な結果を得ている。一方、ヘフェッツとリスト（Heffetz and List, 2014）は、交換できる機会が生じる確率 p が１％の場合と99％の場合についてエリクソンとフスターと同様の実験を行っているが、確率 p は被験者の選択には影響を与えていないという結果を得ている。

このように、プロスペクト理論における参照点を期待に基づくものとすれば保有効果は損失回避性によって説明できるという仮説については、肯定的であれ否定的であれ、実験ではまだ決定的な証拠は得られていない。

保有効果は人間固有の心理的傾向性か？

保有効果は人間固有の心理的傾向性なのかどうかに関しては、さまざまな研究が行われている。

神経経済学の分野での研究をサーベイしたリック（Rick,

2011）によれば、まだ決定的な結論が得られているわけではないが、保有効果は恐れなどのネガティブな情動に関連した脳の部位の活動と関係があり、損失回避性との関係が示唆されている。

　5歳から10歳までの幼児らを対象とした実験（Harbaugh et al., 2001）においても保有効果が確認されているが、ハロウィーンの時期に子供たちを相手に実施されたフィールド実験では保有効果は確認されていない（Bryan et al., 2020）。

　チンパンジーを使用した動物実験（Brosnan et al., 2007）やオマキザルを使用した動物実験（Lakshminaryanan et al., 2008）においても保有効果が確認されており、霊長類全般で保有効果を確認したという報告がある。

　しかし、タンザニアの狩猟採集民族を対象とした実験（Apicella et al., 2014）では、市場社会と接触のあった部族では保有効果が観察されたが、文明から隔絶された部族では保有効果は見られなかった。この研究は、保有効果が商品交換や市場の発達と関係しており、社会的に構築されたものであって必ずしも人間に生まれつき備わった心理的傾向ではない可能性を示している。

　このように、保有効果がどのような条件の下で発現するのかについては今も研究が続いている。

註
＊1　なお厳密には、利益局面におけるチョコレート菓子に対す

る価値関数の傾きよりも、損失局面におけるマグカップに対する価値関数の傾きの方が大きくなければ、このようなことはいえない。しかし、すでに述べたように損失回避性はここでは関係がない。
* 2　厳密には、利益局面におけるマグカップに対する価値関数の傾きよりも、損失局面におけるチョコレート菓子に対する価値関数の傾きの方が大きくなければ、このようなことはいえない。しかし、すでに述べたように損失回避性はここでは関係がない。
* 3　ショグレンらの実験では、実際には各被験者には1.6ドル相当のプラスチック製のマグカップが初期保有として与えられ、それをより高価なマグカップと交換する権利を巡って競争することになっていたが、本文で説明したオークションと本質的な違いはない。
* 4　ショグレンらの実験では、落札した被験者は2番目に低い価格を受け取ることに加えて、手放したマグカップと交換に1.6ドル相当のプラスチック製のマグカップも受け取ることになっていたが、本文で説明したオークションと本質的な違いはない。
* 5　厳密には、一様価格オークション（uniform price auction）と呼ばれるものである。

参考文献

Achtypi, E., Ashby, N. J. S., Brown, G. D. A., Walasek, L., Yechiam, E. (2021) "The endowment effect and beliefs about the market." *Decision*, 8, 16-35.

Apicella, C. L., Azevedo, E. M., Christakis, N. A., Fowler, J. H. (2014) "Evolutionary origins of the endowment effect:

Evidence from hunter-gatherers." *American Economic Review*, 104, 1793-1805.

Bartling, B., Engl, F., Weber, R. A. (2015) "Game form misconceptions are not necessary for a willingness-to-pay vs. willingness-to-accept gap." *Journal of Economic Science Association*, 1, 72-85.

Brosnan, S. F., Jones, O. D., Lambeth, S. P., Mareno, M. C., Richardson, A. S., Schapiro, S. J. (2007) "Endowment effect in chimpanzees." *Current Biology*, 17, 1704-1707.

Bryan, G., Grant, M., Haggag, K., Karlan, D., Startz, M., Udry, C. (2020) "Blue porches: Finding the limits of external validity of the endowment effect." *Journal of Economic Behavior and Organization*, 176, 269-271.

Cason, T. N., Plott, C. R. (2014) "Misconceptions and game form recognition: Challenges to theories of revealed preference and framing." *Journal of Political Economy*, 122, 1235-1270.

Engelmann, D., Hollard, G. (2010) "Reconsidering the effect of market experience on the 'endowment effect'." *Econometrica*, 78, 2005-2019.

Ericson, K. M. M., Fuster, A. (2011) "Expectations as endowments: Evidence on reference-dependent preferences from exchange and valuation experiments." *Quarterly Journal of Economics*, 126, 1879-1907.

Harbaugh, W. T., Krause, K., Vesterlund, L. (2001) "Are adults better than children? Age, experience, and the endowment effect." *Economic Letters*, 70, 175-181.

Heffetz, O., List, J. A. (2014) "Is the endowment effect an expectation effect?" *Journal of the European Economic*

Association, 12, 1396-1422.

Isoni, A. (2011) "The willingness-to-accept/willingness-to-pay disparity in repeated markets: Loss aversion or 'bad-deal' aversion?" *Theory and Decision*, 71, 409-430.

Isoni, A., Loomes, G., Sugden, R. (2011) "The willingness to pay-willingness to accept gap, the 'endowment effect,' subject misconceptions, and experimental procedures for eliciting valuations: comment." *American Economic Review*, 101, 991-1011.

Kahneman, D., Knetsch, J. L., Thaler, R. H. (1990) "Experimental tests of the endowment effect and the coase theorem." *Journal of Political Economy*, 98, 1325-1348.

Knetsch, J. L. (1989) "The endowment effect and evidence of nonreversible indifference curves." *American Economic Review*, 79, 1277-1284.

Knetsch, J. L., Tang, F.-F., Thaler, R. H. (2001) "The endowment effect and repeated market trials: Is the Vickrey auction demand revealing?" *Experimental Economics*, 4, 257-269.

Lakshminaryanan, V., Chen, M. K., Santos, L. R. (2008) "Endowment effect in capuchin monkeys." *Philosophical Transactions of the Royal Society B*, 363, 3837-3844.

List, J. A. (2003) "Does market experience eliminate market anomalies?" *Quarterly Journal of Economics*, 118, 41-71.

List, J. A. (2004) "Neoclassical theory versus prospect theory: Evidence from the marketplace." *Econometrica*, 72, 615-625.

List, J. A. (2011) "Does market experience eliminate market anomalies? The case of exogenous market experience." *American Economic Review: Papers and Proceedings*, 101,

313-317.

McGranaghan, C., Otto, S. G. (2022) "Choice uncertainty and the endowment effect." *Journal of Risk and Uncertainty*, 65, 83-104.

Plott, C. R., Zeiler, K. (2005) "The willingness to pay-willingness to accept gap, the 'endowment effect,' subject misconceptions, and experimental procedures for eliciting valuations." *American Economic Review*, 95, 530-545.

Plott, C. R., Zeiler, K. (2007) "Exchange asymmetries incorrectly interpreted as evidence of endowment effect theory and prospect theory." *American Economic Review*, 97, 1449-1466.

Plott, C. R., Zeiler, K. (2011) "The willingness to pay-willingness to accept gap, the 'endowment effect,' subject misconceptions, and experimental procedures for eliciting valuations: reply." *American Economic Review*, 101, 1012-1028.

Rick, S. (2011) "Losses, gains, and brains: Neuroeconomics can help to answer open questions about loss aversion." *Journal of Consumer Psychology*, 21, 453-463.

Shogren, J. F., Shin, S. Y., Hayes, D. J., Kliebenstein, J. B. (1994) "Resolving differences in willingness to pay and willingness to accept." *American Economic Review*, 84, 255-270.

Thaler, R. H. (1980) "Toward a positive theory of consumer choice." *Journal of Economic Behavior and Organization*, 1, 39-60.

Weaver, R., Frederick, S. (2012) "A reference price theory of the endowment effect." *Journal of Marketing Research*, 49, 696-707.

川越敏司、2021年『基礎から学ぶマーケット・デザイン』有斐閣

■ 第4章 ■
損失は利益よりも重要視される？
──損失回避性

第4章の実験

以下に示された5つのくじについて、順番にそれを引くか引かないかを選択してください。くじを引かない場合の報酬は0円ですが、くじを引いた場合、そこに記された確率で利益または損失が発生します。

くじ1：50%の確率で400円を失い、50%の確率で600円を得る
くじ2：50%の確率で500円を失い、50%の確率で600円を得る
くじ3：50%の確率で600円を失い、50%の確率で600円を得る
くじ4：50%の確率で700円を失い、50%の確率で600円を得る
くじ5：50%の確率で800円を失い、50%の確率で600円を得る

タイガー・ウッズは損失回避的か？

　読者の中にはゴルフをプレーした経験がある人がいるだろう。風光明媚（めいび）な自然の中で仲間と語らいながらゆっくりと時間をかけてコースを巡ることが楽しみという人もいれば、接待ゴルフで休日に駆り出されて辟易（へきえき）している人もいるかもしれない。あるいは、自分自身ではプレーしないもののプロ・ゴルファーの活躍をテレビで観戦することが趣味の人もいる。まだゴルフの楽しみを知らない筆者でさえ、青木功や石川遼、松山英樹といった日本人プロ・ゴルファーの活躍は知っているし、藤子不二雄Ⓐの『プロゴルファー猿』やちばてつやの『あした天気になあれ』といった漫画を愛読していたこともある。

　プロ・ゴルファーの中でも「史上最高のゴルファー」と称されることもあるのがタイガー・ウッズだ。生涯獲得賞金額1億ドルを突破し、歴代1位の記録もある。「アメリカ史上最も成功した現役で活躍するスポーツ選手」とも言われている。

　しかし、そんなタイガー・ウッズが実は損失回避的だとする研究が、経済学のトップ・ジャーナルに掲載されたときは驚かされた。そこで、その研究を紹介しよう。

　ポープとシュバイツァー（Pope and Schweitzer, 2011）は、アメリカの代表的なゴルフ・トーナメントであるPGAツアーの2004年から2009年までのデータを用いて、プロ・ゴルファーの選択行動を調べた。毎年40〜50試合あるPGA

ツアーのトーナメントでは、約150名のゴルファーが参加し、18ホールあるコースを1日1ラウンドとして4日間の成績が競われる。なお、2ラウンド終了時に成績が下位のプレーヤー（参加者の約3分の1）がそこで脱落となり、残りの人数であと2ラウンドを戦うことになっていた（2011年当時）。

ポープとシュバイツァーは、このうち各ホールでのパット（ボールを打って転がすこと）に着目した。ゴルフでは、最初に球を打ち出すティーショットからはじめて、ショット（ボールを打って飛ばすこと）を重ねてホール（カップ）に球を入れるまでの打数を競う。打数が少ないほど成績がよい。ここで、打った球がホール付近のよく芝が整備されたグリーンに載ったところから、ゴルファーはパターと呼ばれるクラブに持ち替え、それによる打撃で球を転がしてホールに入れるパットがはじまる。

各ホールには、その難易度に応じて、パーと呼ばれるティーショットからホールに球を入れるまでの規定の打数が定められており、パーよりも1打少ない打数でそのホールを終えればバーディ、2打少ない打数で終えればイーグルを達成したという。逆に、パーよりも1打多い打数でそのホールを終えればボギー、2打多い打数で終えればダブルボギーとなる。

そのため、ゴルファーにとっては、パーを達成できれば平均的な成績となるが、トーナメントで上位を目指すならバーディやイーグルをねらう必要がある。しかし、当然、

ホールまでの距離が長いほどバーディやイーグルを達成することが難しくなる。その場合、バーディやイーグルを外してもパーでホールを終えられれば御の字だが、無茶なパットでホールから逆に離れてしまい、パーでさえ難しくなる場合もある。つまり、バーディやイーグルをねらうのはリスクのある選択なのだ。それでは、タイガー・ウッズをはじめとするプロ・ゴルファーたちは、どのような選択をしていたのだろうか？

ポープとシュバイツァーは最初に、プロスペクト理論に基づいた予測を立てた。ゴルファーにとっては打数がパーになることが参照点だと考えられるだろう。パーより打数が少ないバーディやイーグルになると利益と感じ、それより打数が多いボギーやダブルボギーになると損失を感じるだろう。

たとえば、パーでの打数が4打だとすると、バーディなら3打、イーグルなら2打、ボギーなら5打、ダブルボギーなら6打となるので、ゴルファーの価値関数は図1のようになる。横軸はショットやパットによりホールに球を入れるまでの打数で、縦軸はそれぞれの打数でホールを終えたときの満足度である。この満足度は、実際の打数と参照点であるパー（4打）との打数の差を基に定義されており、参照点であるパーでホールを終えたときの満足度は0としている。

図1では、ポープとシュバイツァー同様、単純化のために価値関数は線形（直線）、つまり、1次関数としている。

図1 プロスペクト理論によるパットの分析

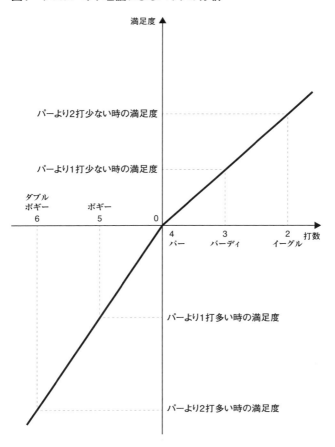

第4章 損失は利益よりも重要視される？──損失回避性

また、損失回避性を反映して、利益局面（打数がパーより少ない）での価値関数の傾きよりも損失局面（打数がパーより多い）での価値関数の傾きが大きいものとしている。したがって、パーよりも1打多いボギーで得られる満足度の低下は、パーよりも1打少ないバーディで得られる満足度の増加よりも大きい。

　ここで、より正確にパットを行うにはより多くの努力（精神の集中など）が必要であり、努力すればするほどコストがかかるものとしよう。そして、一般には打数を少なくしようとすればするほど努力のコストは増加するものと考えられる。したがって、パー（4打）の公算が高い状態からバーディ（3打）に持ち込むコストは、ボギー（5打）の公算が高い状態からパー（4打）に持ち込むためのコストよりも大きいと考えられる。

　しかし、パーの公算が高い状態からバーディに持ち込むことによる満足度の増加は、ボギーの公算が高い状態からパーに持ち込むことによる満足度の増加よりも小さい。

　つまり、ボギーの公算が高い状態からパーに持ち込むのは比較的低い努力コストでより多くの満足度の増加が見込まれるが、パーの公算が高い状態からバーディに持ち込むのは比較的高い努力コストでより少ない満足度の増加しか期待できないため、損失回避的なゴルファーは、パーで満足して、バーディを目指さないということが予想される。

　同様の議論は、さらにイーグルやボギー、ダブルボギーについても行うことができるが、ポープとシュバイツァー

が集めたデータの大多数はパーを目指すパットかバーディを目指すパットだったので、上記の議論で十分であると思われる。

図2（次頁）は、パーを目指すパットとバーディを目指すパットの割合を示したものである。縦軸はそれぞれの種類のパットを選んだ割合で、横軸はホールまでの距離である。ホールまでの距離に関係なく、パーを目指すパットの割合の方がバーディを目指すパットの割合よりも統計的に有意に高く、タイガー・ウッズを含むプロ・ゴルファーは損失回避的な傾向があることが示されている。

なお、彼らは、競技に対する経験も多いプロフェッショナルであり、賞金額も高く、なるべく多くの賞金を獲得しようというインセンティブがあることから、課題に対する経験が浅く、賞金を獲得するインセンティブが弱いために間違いを犯しやすいという、よくある損失回避性に対する批判は免れていることに注意してほしい。

エルモアとウルバチェフスキー（Elmore and Urbaczewski, 2021）は、全米オープン・ゴルフ選手権において、コースの条件などほかの条件は変わらないまま、あるホールのパーが5打から4打に変更されたという事実に注目した。具体的には、ペブルビーチのホール2とオークモント・カントリークラブのホール9は、それぞれ1992年、1994年のトーナメントまではパーは5打であったが、それ以降はパーが4打に変更された。

プロスペクト理論に従えば、このパーの打数変更により、

図2 パーを目指すパットとバーディを目指すパットの割合

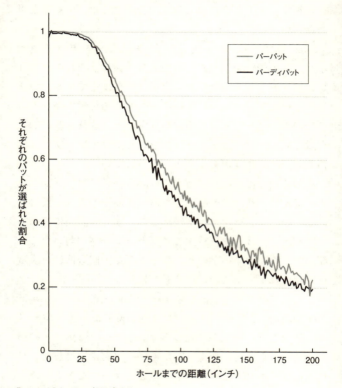

Pope and Schweitzer (2011) より

ゴルファーにとっての参照点が変化し、パーが5打のときには損失回避的なゴルファーは5打を目指し、パーが4打のときには4打を目指すことが予測される。

それぞれのゴルフコースでのデータを分析したところ、この予測通り、ゴルファーたちはパーが5打のときよりも4打のときの方がより少ない打数でホールを終えているということをエルモアとウルバチェフスキーは示している。

ちなみに、研究者が意図的に変更するのではなく、ほかの条件は一定のままこのような制度変更が自然発生的に生じるような場合に、それをあたかも実験的な操作とみなして分析することを自然実験という。エルモアとウルバチェフスキーは、全米オープン・ゴルフ選手権におけるパーの打数変更を自然実験として利用して、損失回避性が成り立つかどうかの分析を試みたのである。

「勝ち点」の変更はサッカーのプレーを変えるか？

サッカーは、日本でもプロ・サッカーリーグであるJリーグが1993年に開幕して以来、おそらく野球と並んで最も人気のあるスポーツであろう。また、国際サッカー連盟（FIFA）が主催する4年に一度のFIFAワールドカップは、サッカーのみならず世界最大のスポーツイベントと言われている。読者の中には、ワールドカップ開催時期にはテレビにくぎ付けになる日々を過ごす人も多いことだろう。

しかし、このように人気のあるサッカーであるが、バスケットボールやバレーボール、さらにはラグビーなどと比

べても試合がドロー（引き分け）に終わる確率は高いと言われている。

Jリーグをはじめ、プロ・サッカーの試合はリーグ戦（総当たり戦）で行われる。たとえば、FIFAワールドカップの場合、各国代表チームがいくつかのグループに分割され、そのグループ内でのグループ・リーグを行う。各グループで上位の2チームが決勝トーナメント（勝ち抜き戦）に進むことになる。

ここで、総当たり戦で行われるリーグ戦でのチームの得点（勝ち点という）は、試合に勝てば3点、引き分けならば1点、負ければ0点となっている。これを「3点制度」という。

実は、この勝ち点制度は、以前は試合に勝てば2点、引き分けならば1点、負ければ0点というように「2点制度」となっていた。それが、1980年代のイギリスやイスラエルを皮切りに、3点制度へと変更されてきたのだ。

制度変更の理由は、ドローの数を減らすということが主なものであった。試合に勝った時の得点を2点から3点に引き上げることで、勝ちをねらって、より攻撃的なプレーが多くなると期待されたのである。しかし、相手に3点を取られることを避けようとよりディフェンスに集中することになり、その結果、逆にドローが増えるのではないかという懸念もあった。

モスチーニ（Moschini, 2010）は、3点制度の導入でドローが増えるかどうかという疑問に答えるために、ゲーム理

論によるモデル分析を行い、一定の条件の下で、３点制度における方が２点制度におけるよりも攻撃的なプレーが増え、その結果、ドローになる確率も低くなるという予測を立てた。次に、このモデル分析での予測を、1978年から2007年までの35か国のデータによって検証することを試みた。データ全体では、試合がドローに終わる割合は約27%であったが、３点制度の導入によって、国ごとに異なるがそれが8.8%から16.2%の範囲にまで下がったということがわかったのである。

しかし、リードルら（Riedl et al., 2015）は、モスチーニによるデータ分析にはさまざまな不備があることを指摘し、新たに24か国の20シーズン分のデータを用いた分析を行っている。その際、リードルらが予測の基礎においたのがプロスペクト理論の損失回避性であった。

いま、対戦するサッカー・チームにおいて、試合が引き分けの場合を参照点だとする。引き分けの場合の勝ち点は１点なので、このときの満足度を０とする。もし試合に負ければ勝ち点は０点でそれ以下の満足度を得るが、試合に勝てば、２点制度の場合は２点、３点制度の場合は３点を得て、それぞれ０以上の満足度を得る。また、３点のときはその分相手チームとの得点差が広がるので、その満足度は２点のときの満足度より大きいものとする。

価値関数が線形であると仮定すると、そのグラフは図３（123頁）のようになる。引き分けが期待されている状況から勝ちに持ち込めれば、２点制度の場合、勝ち点は１点プ

ラスで、そのときの満足度は増加する。逆に、引き分けが期待されている状況から負けてしまえば、勝ち点は1点マイナスで、そのとき満足度は低下する。この場合、サッカー・チームが損失回避的だとすると、勝って勝ち点1プラスの場合の満足度の増加分の大きさよりも、負けて勝ち点1マイナスの場合の満足度の低下分の大きさの方が大きいことになる。これは、図3のグラフでは、勝った場合、つまり、利益局面での価値関数の傾きよりも、負けた場合、つまり、損失局面での価値関数の傾きの方が大きいことで表されている。いま、利益局面での価値関数の傾きを1、損失局面での価値関数の傾きをλとすると、$\lambda > 1$になっているということである。このλのことを損失回避度という。

図3ではドローで勝ち点1となる場合が参照点で、そのときの満足度は0である。また、利益局面での価値関数の傾きが1なので、2点制度においては、勝って勝ち点2を得た場合、ドローに比べて1点プラスの2点となり、そのときの満足度は1になるのに対して、3点制度においては、勝って勝ち点3を得た場合、2点プラスのため、満足度は2となる。それに対して、どちらの制度でも負ければ0点なので、その場合の満足度の低下は、損失局面での価値関数の傾きがλなので$\lambda \times (-1)$ということになるため、$-\lambda$となる。

ここで、リードルらは、損失回避度λの値が2.25程度であるというこれまでの研究での結果を用いて、サッカー・

図3 サッカーの勝ち点制度と損失回避性

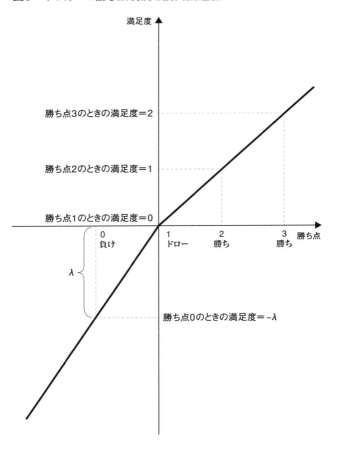

第4章 損失は利益よりも重要視される？——損失回避性

チームが損失回避的ならば、モスチーニとは違って、2点制度においても3点制度においてもドローになりやすいと主張している。その理由は以下の通りである。

引き分けが期待されている状況から積極的なプレーで勝ちに持ち込めれば、2点制度の場合、1の満足度を得るが、その状況で負ければ、$-\lambda = -2.25$の満足度となる。負けた場合の損失が大きいので、チームは積極的なプレーを控えてドローをねらうことになるはずである。3点制度の場合、引き分けが期待されている状況から勝ちに持ち込めれば2の満足度を得るが、その状況で負ければ、$-\lambda = -2.25$の満足度となる。やはり、負けた場合の損失が大きいので、チームは積極的なプレーを控えてドローをねらうことになるはずである。

図4は、24か国の20シーズン分のデータから求められた、2点制度と3点制度の下での各国のドロー指標Dを比較したものである。ドロー指標Dとは、実際のドローの割合を理論的に予測されるドロー割合で割った値である。D＝1ならば理論予測通りのドロー割合だが、Dが1より大きいと理論予測より実際のドロー割合が多いことを示すことになる。

図4から明らかなように、2点制度であれ3点制度であれ、ほぼすべての国でドロー指標Dは1より大きく、実際のドローの割合は理論的予測よりは高いことがわかる。また、2点制度の下でのドロー指標Dと3点制度の下でのドロー指標Dとの相関係数は約0.8であり、3点制度への変

図4　各国における2点制度と3点制度でのドロー割合の比較

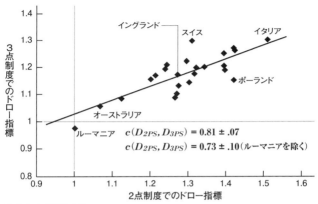

Riedl et al.（2015）より

更はドローの割合を多少下げたものの、その差はそれほど大きくない。

　リードルらは、3点制度への変更は2点制度と比べてドロー割合を若干下げたものの、そのドロー割合は理論的に予測される割合よりは18%程度高いままに留まっており、3点制度への変更の効果に疑問を投げかけている。

損失回避性に関するメタ分析

　最も早い段階で報告された損失回避度 λ の推定値（中央値）は、トヴェルスキーとカーネマン（Tversky and Kahneman, 1992）による $\lambda = 2.25$ というもので、これは先ほどのリードルの研究でも使用されていたものである。な

お、この推定値は、25人の大学院生を被験者とした、金銭的インセンティブを伴わない実験によるものであった。

近年、ブラウンら（Brown et al., 2024）は、経済学、心理学、神経科学などの諸分野における150本の論文から得られた607個の推定値を基に、損失回避度に関するメタ分析を行った。彼らの研究における主要な問いは以下の3つである。

1. 損失回避度 λ の推定値の中心的傾向性（平均値、中央値）はいくらか？ また、それはどれくらい変動しているのか？

2. 推定された損失回避度 λ の値は、実験手法や λ の定義、価値関数の特定化、意思決定の文脈、被験者のタイプによって系統的に異なるか？

3. 損失回避度 λ の推定値にゆがみをもたらすような出版バイアスの証拠はあるか？

ここで出版バイアスとは、統計的に有意であった結果だけを選んで論文を出版する行為で、「疑わしい研究習慣」の1つと考えられている。

彼らが分析に用いたデータをいくつかのカテゴリーに分類したのが次の表1である。「データ・タイプ」とは、データがどのような源泉から収集されたかを示している。過半数は実験室実験によるデータである。次に多いのがフィ

表1　ブラウンら(2024)の分析結果

	度数	%		度数	%
データ・タイプ			被験者層		
実験室実験	98	53.0	大学生	91	49.2
フィールド実験	29	15.7	一般人	63	34.1
その他のフィールド・データ	20	10.8	農家	13	7.0
教室実験	18	9.7	混合集団	5	2.7
オンライン実験	17	9.2	子供	4	2.2
TVのゲーム・ショー	3	1.6	老人	3	1.6
			オマキザル	1	0.5
			不明	5	2.7

Brown et al. (2024) より

ールド実験によるデータである。「その他のフィールド・データ」は、たとえば、資産市場での取引データのように、実験的な手法を用いずに収集されたデータのことである。「教室実験」は、大学の授業の一環として実施された、多くの場合は報酬を伴わない実験である。「オンライン実験」は、ネットの大手小売サイト、アマゾンのメカニカル・タークなどを利用して、被験者をオンラインで公募し、ウェブ上で設問に答えてもらい、アマゾン・ギフト券などを謝礼として支払う実験である。「TVのゲーム・ショー」は、参加者に賞金が出るクイズ番組のようななんらかの賭けの要素を持つTV番組から得られたデータである。

図5 損失回避度の分布

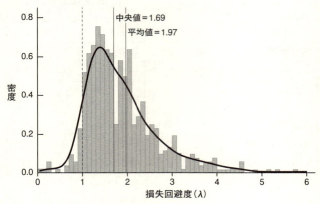

Brown et al.（2024）より

　実験での報酬手段としては、ほとんどのデータで金銭報酬が使用されていた（154件、83.2％）。実験実施場所としては、ヨーロッパが78件（42.2％）と最も多く、次いで北米が56件（30.3％）、その次にアジアが25件（13.5％）であった。

　図5には、彼らが分析したデータにおいて報告されている損失回避度 λ の分布が示されている。損失回避度 λ の平均値は1.97、中央値は1.69であった。損失回避性がある場合、λ が1よりも大きくなるので、この分布から、多くのデータにおいて損失回避性が確認されていることがわかる。

　図6はファンネル・プロットと呼ばれているグラフである。横軸はそれぞれのデータで推定された損失回避度 λ で、

図6 損失回避度の信頼性分析

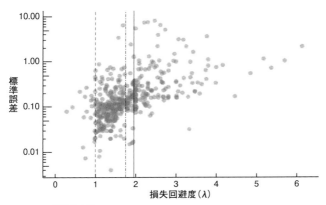

Brown et al.（2024）より

縦軸はその推定値のばらつきを表す標準誤差（SE）である。SEが大きいほど、推定された損失回避度 λ の値は信頼性が低いと考えられる。この図から、λ が1から2の範囲においてSEも比較的低く、信頼性の高い推定値だと言えるだろう。

図6の実線は、ブラウンらの研究で得られた損失回避度の推定値 $\lambda = 1.955$ を示している。もし、出版バイアスがないなら、そのときのSEが最も小さくなるはずであるが、図を見るかぎり、SEが最小になる λ の値は1に近い。つまり、$\lambda = 1.955$ という結果には出版バイアスが含まれていると考えられる。

損失回避性を巡る論争

 従来の損失回避性を示す研究は、大学生のような若くて経験や知識が相対的に乏しく、所得もそれほど多くない被験者を対象とした実験から得られたものなので、それ以外の層へと一般化することが難しいと批判されてきた（これを、外的妥当性の問題という）。そこで、ムルクヴァら (Mrkva et al., 2019) は、こうした懐疑的な主張に応えるため、比較的高級な自動車の購入者360名を対象としたヨーロッパでの調査（研究1）と、アメリカ国民から無作為抽出された1万7360名を対象にした調査（研究2）を実施している。

 研究1では、以下の方法で損失回避度 λ を測定している。被験者には、表2のような一連のくじが提示される。くじは1番から6番までであり、それぞれコインを1つ投げて表が出れば損失が生じ、裏が出れば利益が生じることになっている。利益の値はどのくじでも6ユーロに固定されており、損失の値は2ユーロから7ユーロまで順に変化していく。被験者はそれぞれのくじについて、それを引くか引かないかの選択を行う。引く選択をした場合、実際のくじの結果が報酬となる。引かない選択をした場合、報酬は0である。この場合、被験者は、まだ損失額が比較的小さいくじ1や2では「くじを引く」選択をするが、損失額が大きくなっていくと「くじを引かない」選択をするようになるだろう。そこで、被験者が最初に「くじを引かない」に選

表2 くじの選択による損失回避度の測定

番号	くじ	くじを引くかどうかの選択
1	表が出れば2ユーロを失う； 裏が出れば6ユーロを得る	引く　引かない
2	表が出れば3ユーロを失う； 裏が出れば6ユーロを得る	引く　引かない
3	表が出れば4ユーロを失う； 裏が出れば6ユーロを得る	引く　引かない
4	表が出れば5ユーロを失う； 裏が出れば6ユーロを得る	引く　引かない
5	表が出れば6ユーロを失う； 裏が出れば6ユーロを得る	引く　引かない
6	表が出れば7ユーロを失う； 裏が出れば6ユーロを得る	引く　引かない

択をスイッチしたくじ番号に注目する。

いま、被験者の価値関数が、本章のこれまでの例（図1や図3）で示してきたように線形だとしよう。この場合、たとえば、くじ番号2で6ユーロを得れば満足度は6であり、3ユーロを失えば満足度は-3λということである。

コイン投げで表が出る確率は$\frac{1}{2}$であり、裏が出る確率も$\frac{1}{2}$であることから、たとえば、くじ番号2で「くじを引く」選択をした人にとっては、くじから得られる満足度の期待値は、

$$\frac{1}{2} \times 6 + \lambda \times \frac{1}{2} \times (-3) = 3 - \frac{3}{2}\lambda$$

となる。

　ここで、λは損失回避度で、1ユーロ失うとλの満足度の損失を感じるということを表している。損失回避的な人ならλ＞1なので、この場合、1ユーロ失うと1より大きい損失を感じるということになる（ちなみに、図1や図3における価値関数の傾きは利益局面では1であるのに対し、損失局面ではλ＞1になっていたことを思い出してほしい）。

　さて、くじ2から得られる満足度の期待値が「くじを引かない」選択をして満足度が0になるよりも好ましいということから、この人にとっては、

$$くじを引いた場合の満足度の期待値 = 3 - \frac{3}{2}\lambda > 0$$

が成り立つことになる。この式を整理すると、

$$\lambda < 2$$

ということになる。この同じ人が、くじ番号3で「くじを引かない」選択をしたとすると、同様に計算により、くじ3から得られる満足度の期待値は、

$$\frac{1}{2} \times 6 + \lambda \times \frac{1}{2} \times (-4) = 3 - 2\lambda$$

であり、これよりも「くじを引かない」選択をして満足度が0になる方が好ましいということから、

$$\text{くじを引いた場合の満足度の期待値} = 3 - 2\lambda < 0$$

が成り立つことになる。これを整理すると、

$$\lambda > \frac{3}{2} = 1.5$$

ということになる。この2つの結果から、くじ3で最初に「くじを引かない」選択をしたこの人の損失回避度は、

$$1.5 < \lambda < 2$$

の範囲のうちのどれかということになる。

　通常、くじ番号6で「くじを引く」選択をする人はほとんどいない。したがって、それより前のくじ番号で「くじを引かない」選択がなされるはずである。そこで、くじ番号1からはじめて、ある人が最初にくじを引かない選択をしたくじ番号に注目すると、この人の損失回避度は、上記のように、引かない選択をしたくじ番号とその直前のくじ番号での満足度の期待値の比較から測定することができる。

　こうして、くじの選択と損失回避度との関係をまとめたのが表3（次頁）である（連続性を持たせるため、λの範囲の片側に等号を入れてある）。

表3 くじの選択と損失回避度との関係

選択	損失回避度
くじ番号1で最初に「くじを引かない」を選択	$3 < \lambda$
くじ番号2で最初に「くじを引かない」を選択	$2 < \lambda \leq 3$
くじ番号3で最初に「くじを引かない」を選択	$1.5 < \lambda \leq 2$
くじ番号4で最初に「くじを引かない」を選択	$1.2 < \lambda \leq 1.5$
くじ番号5で最初に「くじを引かない」を選択	$1 < \lambda \leq 1.2$
くじ番号6で最初に「くじを引かない」を選択	$0.86 < \lambda \leq 1$
くじ番号6まで「くじを引く」を選択し続ける	$\lambda \leq 0.86$

なお、ムルクヴァらは、表3に示された損失回避度の範囲のうち一番小さい値を推定値としている。たとえば、くじ番号2で最初に「くじを引かない」を選択した被験者の損失回避度は$2 < \lambda \leq 3$の範囲であるが、この場合、$\lambda = 2$と考えるということである。

それで、ムルクヴァらの結果では、被験者の約52％がくじ番号4で最初に「くじを引かない」を選択しており、表3からわかるように、彼らは損失回避性（$\lambda > 1$）を示す被験者であった。また、高齢であるほど損失回避度が高かった（図7）。これは、高齢になるほど、認知能力や記憶力が衰えていき、そのため損失という目立つ事柄に注意が向きがちになるためと考えられている。

図7　年齢層別の損失回避度

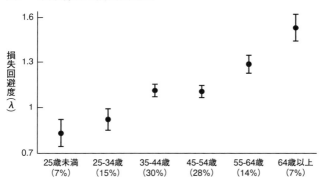

Mrkva et al.（2019）より

　ムルクヴァらはほかに、前章の保有効果の測定で使用されたのと同様の方法で、4つの車の性能や装備（安全性、快適性、燃費、カーナビ）およびおもちゃの車に関するWTA/WTPを尋ねる課題を実施しているが、それぞれの方法で測定された損失回避度には有意に正の相関があり、これらの課題で損失回避性を示さなかった被験者はわずか4％であった。こちらの場合、運転経験が長く、車に関する知識がある人ほど損失回避度が低いということも確認されている。これは、第3章で述べたように、市場での取引経験が多い人ほど保有効果を示さなくなるという結果と整合的である。

　ムルクヴァらの研究2では、投資という文脈の下で表2に示したのと同種の課題を通じて損失回避度が測定されて

いる。具体的には、50％の確率で100ドルを得るが、50％の確率で損失が生じる投資機会に対して、投資するかしないかを尋ねている。損失額は設問ごとに10ドル、25ドル、50ドル、100ドルと変化していき、最初に「投資しない」選択をした設問から損失回避度が測定される[*1]。調査対象者にはほかに投資経験などが尋ねられている。この研究2でも損失回避度の平均は有意に1より大きく、その中央値は2であった。また、高齢であるほど損失回避的になる傾向がある一方、投資経験が多いほど損失回避的でなくなることが確認されている。

このように、ムルクヴァらによる幅広い被験者層を対象にした調査では、年齢や知識・経験におけるばらつきはあるものの、多くの人々が損失回避性を示すことが確認されている。ただ、損失回避度は人に生来的に備わった固有の値ではなく、加齢や経験の蓄積によって変化していく「社会的に構築された」ものであることには注意しておく必要がある。

しかし最近、ムルクヴァらに対して疑問を呈する研究が出てきた。ザイフとイェキアム（Zeif and Yechiam, 2022）は、ムルクヴァらが使用した課題では損失回避度が高めに出やすいということを指摘している。たとえば、表2の課題において、被験者が最初に「くじを引く」選択をするくじ番号をランダムに決めていたとする。すると、平均すればくじ番号3か4で「くじを引く」選択をするはずである。このときの損失回避度は、表3からわかるように、$\lambda > 1.2$

表4　くじの選択による損失回避度の測定

番号	くじ	損失回避度
1	表が出れば4ドルを失う；裏が出れば6ドルを得る	$1.5 < \lambda$
2	表が出れば5ドルを失う；裏が出れば6ドルを得る	$1.2 < \lambda \leq 1.5$
3	表が出れば6ドルを失う；裏が出れば6ドルを得る	$1 < \lambda \leq 1.2$
4	表が出れば7ドルを失う；裏が出れば6ドルを得る	$0.86 < \lambda \leq 1$
5	表が出れば8ドルを失う；裏が出れば6ドルを得る	$0.75 < \lambda \leq 0.86$

Zeif and Yechiam, (2022) より

となる。したがって、被験者がランダムに選択していても損失回避的だとみなされてしまう。

　そこで、ザイフとイェキアムは、表4のように、損失回避性を示す結果と示さない結果が均等に含まれるようにくじの結果を変更した（研究2）。最初に「くじを引かない」選択をしたそれぞれのくじ番号から損失回避度の範囲が決定される。ムルクヴァラと同様に、この範囲のうち一番小さい値を損失回避度の推定値とすると、くじ番号1か2で「くじを引かない」選択をした被験者は損失回避的、くじ番号3で「くじを引かない」選択をした被験者は損失中立的、くじ番号4か5で「くじを引かない」選択をした被験者は損失愛好的と分類できる。

この場合、ムルクヴァらの設定とは違って、もし被験者がランダムなくじ番号で「くじを引かない」選択をしていれば、平均してくじ番号3で「くじを引かない」選択をすることになり、その結果は損失中立的となることから、初めから損失回避性に有利な設定にはなっていないことに注意しよう。

　さて、ザイフとイェキアムは、ムルクヴァらと全く同じ課題（表2）を使用した場合と、改良版の表4を使用した場合を比較したところ、前者では損失回避度λの平均は1.46（中央値は1.50）となり、ムルクヴァらと同様に被験者の多くが損失回避的であるという結果になったが、後者では損失回避度λの平均は0.92（中央値は1.00）となり、被験者は損失中立的であるという結果になった。

　ザイフとイェキアムは、ムルクヴァらがその研究2で使用した投資の文脈での課題についても検討している。この場合も、ムルクヴァらと全く同じ課題を使用した場合と、表4と同様の改良を施した課題を使用した場合を比較している。この場合、損失回避度λの平均は、前者では2.38（中央値は2.00）、後者では1.45（中央値は1.00）となり、いずれの場合も被験者は損失回避的であるという結果になった。

　先ほどの結果との違いは、くじの場合に生じる利益・損失に比べて、投資の場合に生じる利益・損失の額が大きいことである。ザイフとイェキアムはさらに別の数値を用いた実験を行い、くじの場合のように、発生する利益・損失の額が比較的小さい場合には損失回避性は生じないという

ことを確かめている。

　皮肉なことに、プロスペクト理論では、報酬が小さい場合にこそ損失回避性が重要であると主張されてきた。ムルクヴァらの実験のようにリスクのある選択においては、被験者がリスクを避ける選択をしがちであるというのは、伝統的な経済学における期待効用理論では「リスク回避性」によって説明されてきた。しかし、レイビン（Rabin, 2000）の理論研究により、報酬額が小さなくじ、たとえば、50％の確率で10ドルの利益を得られるが、50％の確率で11ドルの損失が発生するようなくじを選択することを避けようとする人は、計算上ありえないほど極端なリスク回避性を示すことになるということがわかっている[*3]。しかし、現実にはそのような選択をする人がいるわけで、そうした人の選択は損失回避性でしか説明できないというのがレイビンの主張だったのである。

　このような背景からすれば、報酬が小さい場合には損失回避性は生じないというザイフとイェキアムの実験結果は、プロスペクト理論にとって大きな問題となる。実は、報酬が小さい場合には損失回避性が生じないということは、ザイフとイェキアム以前にもエルトとイレブ（Ert and Erev, 2013）の実験によっても指摘されていた。

　一方、ブレイヒロートとラリドン（Bleichrodt and L'Haridon, 2023）は、この論争に対して、ムルクヴァらを含むこれらの研究では、価値関数が線形（直線）だと仮定しており、また、確率を評価する際に人が示しがちなバイアスを考慮

図8 一般的な価値関数

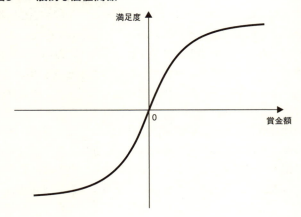

する確率重み付けを無視しているために、損失回避度が正確に測定されていないと主張し、より精密な損失回避度測定法を採用した実験を行っている[*4]。

　第1章や第2章で説明したように、プロスペクト理論において一般的に価値関数は非線形のものが想定されている。具体的には、参照点を0としたとき、利益の場合にも損失の場合にも感応度逓減的なS字型の曲線になる。図8にはこのような一般的な価値関数が描かれている。横軸は賞金額、縦軸は賞金を得ることに対する満足度を表している。これを直線とみなせば、当然そこから導かれる損失回避度も変わってしまう。

　次に確率重み付けであるが、プロスペクト理論では、不

確実な事象の発生確率に関して、人は客観的な確率ではなく、そこに一定のゆがみのある主観的確率を用いて評価していると考える。

さて、エルトとイレブの実験では、以下の選択肢AとBのどちらかを選ぶように被験者に問いかけている（シェケルはイスラエルの通貨単位。1シェケル＝約40円）。ここで、問題1の選択肢Bでの利益と損失の額を10分の1にしたのが問題2になっている。

〔問題1〕
選択肢A
100％の確率で0シェケル
選択肢B
50％の確率で100シェケルが得られるが、50％の確率で100シェケルを失う

〔問題2〕
選択肢A
100％の確率で0シェケル
選択肢B
50％の確率で10シェケルが得られるが、50％の確率で10シェケルを失う

もし被験者が損失回避的ならば、50％の確率で損失を生じる選択肢Bを避けるはずであるが、実験の結果では、問

題1では78％の人が選択肢Aを選んだのに対して、問題2では52％しか選択肢Aを選ばなかった。つまり、利益と損失の金額が小さくなると、人は損失回避的ではなくなるということである。

しかし、ブレイヒロートとラリドンは、図8のような非線形の価値関数uを想定すれば、エルトとイレブの実験結果は損失回避性とは矛盾しないと主張している。ここで、価値関数uは次のようなものが仮定されている。

$$u(x) = \begin{cases} x^a & if \ x > 0 \\ -\lambda \times (-x)^\beta & if \ x < 0 \end{cases}$$

(式4.1)

ここで、xは賞金額である。x^aは「xのa乗」といい、xをa回かけ合わせた値$x \times x \times \cdots \times x$のことである。$(-x)^\beta$は「$-x$の$\beta$乗」といい、$-x$を$\beta$回かけ合わせた値のことである。ただし、$a > 0$, $\beta > 0$, $\lambda \geq 1$である。aは利益局面での価値関数の形状を決めるパラメータ、βは損失する局面での価値関数の形状を決めるパラメータであり、これらがともに1の場合、価値関数は線形（直線）となる。λは損失回避度である。

いま、すべての被験者が損失回避的、つまり、損失回避度は$\lambda > 1$なのだとしよう。さらに具体的に、$\lambda = 1.5$と仮定しよう（他の値でもかまわない）。

ここで、先ほどの問題1を考えてみる。選択肢Aを選ぶ

と100%の確率で0シェケルなので、そのときの満足度を0としよう。つまり、$u(0) = 0$ということである。一方、選択肢Bを選ぶと、50%の確率で100シェケルが得られるが、50%の確率で100シェケルを失うので、このときの満足度の期待値は、

$$0.5 \times u(100) + 0.5 \times u(-100)$$

となる。ここで、価値関数uを式4.1のものとすると、満足度の期待値は次のように書き換えられる。

$$0.5 \times 100^\alpha + 0.5 \times (-\lambda \times (-(-100))^\beta)$$
$$= 0.5 \times 100^\alpha + 0.5 \times (-1.5 \times 100^\beta)$$

ここで$\lambda = 1.5$を使った。この満足度の期待値は価値関数の形状を決めるパラメータαとβの値次第で変わりうる。

さて、エルトとイレブの実験では問題1で選択肢Aが多く選ばれていたので、Aを選んだ人を代表として考えると、その人にとって選択肢Aの満足度$u(0) = 0$が選択肢Bの満足度の期待値よりも大きい、つまり、

$$0 > 0.5 \times 100^\alpha + 0.5 \times (-1.5 \times 100^\beta)$$

ということだったはずである。たとえば、$\alpha = \beta = 0.8$とすれば、この条件は満たされる。

第4章 損失は利益よりも重要視される？──損失回避性

今度は問題2を考える。選択肢Aを選ぶと100%の確率で0シェケルなので、そのときの満足度を$u(0) = 0$としよう。一方、選択肢Bを選ぶと、50%の確率で10シェケルが得られるが、50%の確率で10シェケルを失うので、このときの満足度の期待値は、先ほどと同様に、$\lambda = 1.5$の下で価値関数uを式4.1のものとして計算すると、

$$0.5 \times 10^{\alpha} + 0.5 \times (-1.5 \times 10^{\beta})$$

となる。エルトとイレブの実験で、問題2では選択肢Bを選ぶ人が増えたので、Bを選んだ人を代表として考えると、その人にとって選択肢Aの期待効用$u(0) = 0$が選択肢Bの期待効用よりも小さい、つまり、

$$0 < 0.5 \times 10^{\alpha} + 0.5 \times (-1.5 \times 10^{\beta})$$

ということを意味する。たとえば、$\alpha = 0.8$, $\beta = 0.6$とすれば、この条件は満たされる。

 つまり、たとえ被験者全員が損失回避的だとしても、問題1に答えた人と問題2に答えた人が違う価値関数のパラメータα, βをもつなら、問題1では選択肢Aが選ばれるが、問題2では選択肢Bが選ばれるということが生じうる。したがって、エルトとイレブの実験結果は損失回避性の反証にはなっていない、というのがブレイヒロートとラリドンの主張なのである。

ブレイヒロートとラリドンは、問題1と2での利益・損失の値を変えた実験も行っているが、利益・損失の値が大きい問題1では選択肢Aが選ばれるが、利益・損失の値が小さい問題2では選択肢Bが選ばれるというエルトとイレブの実験で示されている傾向は見られなかった。

　なお、式4.1のような価値関数の下で、同じ人が問題1では選択肢Aを、問題2では選択肢Bを選ぶような価値関数のパラメータ α, β の値は存在しない。生じうるのは、問題1でも2でも選択肢Aを選ぶか、問題1でも2でも選択肢Bを選ぶか、問題1では選択肢Bを、問題2では選択肢Aを選ぶか、このいずれかしかありえない。

　いずれにせよ、利益・損失の値が小さい問題2で選択肢Bが選ばれること自体は損失回避性とは何の矛盾もなく、エルトとイレブの実験結果は損失回避性に対する反証にはなりえないのである。

　ただし、エルトとイレブの実験では、実際に選んだ選択肢に応じた報酬が被験者に与えられたのに対して、ブレイヒロートとラリドンの実験では報酬は仮想的なもので、被験者は実際には10ユーロの参加費だけを受け取っている。このような実験の場合、被験者はどのような選択をしても最後にもらう報酬は変わらないため、被験者の選択は問題に記された利益や損失の値とは無関係のものになってしまう恐れがある。

　経済学における実験では、エルトとイレブの実験のように、被験者には問題に記された利益や損失の値に応じた報

酬を支払うことが信頼できる実験データを生み出すために不可欠であると考えられているため、その観点からすれば、ブレイヒロートとラリドンの実験結果は信頼性が低いものと考えざるをえないだろう[*5]。

また、ギャルとラッカー（Gal and Rucker, 2018）は、これまで損失回避性の証拠として考えられていた結果は、現状維持バイアスにすぎないのではないかという疑問を提示している。たとえば、先ほどの問題1や2の選択肢Bのように、なんらかの利益と損失がそれぞれ50％の確率で発生するくじが示されて、それを受け入れるか受け入れないかを選ぶ場合、現状はまだ何も選んでいないので確実に0円である。これに対して、選択肢Bを選ぶことは現状を変えることである。もし実験の被験者に「何かをする」ことよりも「何もしない」ことの方を好む現状維持バイアスの傾向があるなら、その人が損失回避的であろうとなかろうと、現状を維持するために選択肢Bは選ばないだろう、というわけである。このように、損失回避性については、いまも議論が続いている。

註
* 1　研究2における1つの課題では、50％の確率で20ドルの利益が生じるが、50％の確率で生じる損失が2ドル、5ドル、10ドル、15ドル、20ドル、25ドルと変化していくような設定になっている。

*2　なお、ザイフとイェキアムはほかにも、くじを損失がだんだん大きくなっていく順ではなく、ランダムな順で提示するなどの変更を施した効果も調べている。

*3　その理由の概略は川越敏司（2020）の「コラム2　リスク回避性のパラドックス」p.151-152を、さらに詳細な説明は室岡（2023）第5章5.5節「期待効用理論の限界」を参照のこと。

*4　ブレイヒロートとラリドンらが採用している一般的に非線形の価値関数を測定する手法と本質的に同じ手法が川越（2020）の実験10に紹介されているので、その解説を参照してほしい。

*5　報酬支払いを含めて、経済学における実験方法の背景にある考え方やさまざまな手法の特徴については、川越（2007）の第2章、川越（2019）、Friedman and Sunder（1994）, Jacquemet and L'Haridon（2018）などを参照してほしい。

参考文献

Bleichrodt, H., L'Haridon, O.（2023）"Prospect theory's loss aversion is robust to stake size." *Judgement and Decision Making*, 18, 1-21.

Brown, A. L., Imai, T., Vieider, F. M., Camerer, C. F.（2024）"Meta-analysis of empirical estimates of loss aversion." *Journal of Economic Literature*, 62, 485-516.

Elmore, R., Urbaczewski, A.（2021）"Loss aversion in professional golf." *Journal of Sports Economics*, 22, 202-217.

Ert, E., Erev, I.（2013）"On the descriptive value of loss aversion in decisions under risk: Six clarifications." *Judgement and Decision Making*, 8, 214-235.

Friedman, D., Sunder, S.（1994）*Experimental Methods: A Primer for Economists*, Cambridge University Press.（川越敏

司ほか訳、1999年『実験経済学の原理と方法』同文舘出版）

Gal, D., Rucker, D. D. (2018) "The loss of loss aversion: Will it loom larger than its gain?" *Journal of Consumer Psychology*, 28, 497-516.

Jacquemet, N., L'Haridon, O. (2018) *Experimental Economics: Method and Applications*, Cambridge University Press.（川越敏司訳、2024年『実験経済学』朝倉書店）

Kahneman, D., Tversky, A. (1979) "Prospect theory: An analysis of decision under risk." *Econometrica*, 47, 263-292.

Moschini, G. (2010) "Incentives and outcomes in a strategic setting: The 3-points-for-a-win system in soccer." *Economic Inquiry*, 48, 65-79.

Mrkva, K., Johnson, E., Gächter, S., Herrmann, A. (2019) "Moderating loss aversion: Loss aversion has moderators, but reports of its death are greatly exaggerated." *Journal of Consumer Psychology*, 30, 407-428.

Pope, D. G., Schweitzer, M. E. (2011) "Is Tiger Woods loss averse? Persistent bias in the face of experience, competition, and high stakes." *American Economic Review*, 101, 129-157.

Rabin, M. (2000) "Risk aversion and expected—utility theory: A calibration theorem." *Econometrica*, 68, 1281-1292.

Riedl, D., Heuer, A., Strauss, B. (2015) "Why the three-point rule failed to sufficiently reduce the number of draws in soccer: An application of prospect theory." *Journal of Sport & Exercise Psychology*, 37, 316-326.

Tversky, A., Kahneman, D. (1992) "Advances in prospect theory: Cumulative representation of uncertainty." *Journal of Risk and Uncertainty*, 5, 297-323.

Zeif, D., Yechiam, E.(2022)"Loss aversion(simply)does not materialize for smaller losses." *Judgement and Decision Making*, 17, 1015-1042.

川越敏司、2007年『実験経済学』東京大学出版会

川越敏司、2019年「実験経済学方法論に関する最近の研究動向〜報酬支払法を中心とした考察〜」、「行動経済学」12、15-25ページ

川越敏司、2020年『「意思決定」の科学――なぜ、それを選ぶのか』講談社ブルーバックス

室岡健志、2023年『行動経済学』日本評論社

■ 第5章 ■
ものは言いよう？──フレーミング効果

第5章の実験

いま、はじめに1万円の資金が与えられたとします。この金額を全額ギャンブルに使うとしたら、以下の2つの問題で示される2つの選択肢のうち、どちらか好きな方を選んでください。

問題1
選択肢A：100%の確率で8千円が手元に残る
選択肢B：80%の確率で1万円が手元に残るが、20%の確率で1万円を失う

問題2
選択肢C：100%の確率で2千円が失われる
選択肢D：80%の確率で1万円が手元に残るが、20%の確率で1万円を失う

朝三暮四

　宋の国に狙公(そこう)(猿飼い)と呼ばれる男がいた。大変に猿を可愛(かわい)がり、飼っている猿が群れをなしていた。この猿飼いは、猿の腹の中を読むことができるし、猿もまた猿飼いの考えがわかった。その結果、家族の人数を減らしてまでも、猿の要求を満足させるに努めた。ところが、急に貧乏になってしまった。そこで、猿の食いぶちを制限しようと考えたが、猿の群れが自分になつかなくなってしまうのではないかと心配して、最初に猿をだまして次のように言った、「お前たちにどんぐりの実をやるのに、朝三つで晩四つにしようと思うが、どうかね」と。すると、猿の群れは皆起ち(た)上がって怒り出した。と、急にことばを変えて、「お前たちにどんぐりの実をやるのに、朝四つで晩三つにしようと思うが、どうかね」と言った。すると、猿の群れは、一斉に頭を下げて喜んだ。およそ物ごとというものは、利巧なものと馬鹿なものとがくるめ合っていて、すべてこの話のようなものだ。聖人が智恵をはたらかせて多くの頭の鈍い者たちをくるめるのも、ちょうど猿飼いが智恵をはたらかせて猿の群れをくるめるようなものである。分けまえは少しも減ってはいないのに、相手を喜ばせたり怒らせたりさせる。

(『列子』黄帝第二、第19章)

これは、「朝三暮四」という故事の元になった話である。[*1]
猿たちにとって、餌（どんぐりの実）が朝に3つ、晩に4つであろうと、朝に4つ、晩に3つであろうと、一日の餌の数は変わらない。その違いがわからない猿たちの愚かさと同時に、言葉巧みに同じものを違うものに思わせる騙しのテクニックの例ともなっている。

アジアの疾病問題とフレーミング効果
しかし、騙されるのは猿たちばかりではない。トヴェルスキーとカーネマン（Tversky and Kahneman, 1981）は、「アジアの疾病問題」と呼ばれる課題を用いて、次のような有名な実験を行った。実験では大学生相手に次のような問いに答えさせている。

〔問題1〕
米国は未曾有のアジアの疾病の流行に備えていると想像してください。これは600人を死に至らしめると予想されています。この疾病に対処するために2つの対策が提案されました。その対策による結果は、科学的に正確な見積もりによれば、次のようなものになると考えてください。
もし対策Aが採用されれば、200人が救われます。
もし対策Bが採用されれば、$\frac{1}{3}$の確率で600人が救われますが、$\frac{2}{3}$の確率で誰も救われません。

2つの対策のうちどちらが好ましいですか？

問題2は、最初の状況説明は問題1と同一であるが、2つの対策の内容が異なっている。

〔問題2〕
もし対策Cが採用されれば、400人が死ぬことになります。
もし対策Dが採用されれば、$\frac{1}{3}$の確率で誰も死なずに済みますが、$\frac{2}{3}$の確率で600人が死ぬことになります。
2つの対策のうちどちらが好ましいですか？

トヴェルスキーとカーネマンの実験では、問題1に回答した152人の参加者のうち72%が対策Aを好ましいと答えている一方で、問題2に回答した155人のうち78%は対策Dを好ましいと答えている。

しかし、問題1の対策Aと問題2の対策Cは、表現こそ違うが同じ内容を表している。対策Aでは600人のうち200人が救われるが、対策Cでは600人のうち400人が死ぬという内容だからである。

同様に、問題1の対策Bと問題2の対策Dは同じ内容を表している。対策Bでは$\frac{1}{3}$の確率で600人が救われ、$\frac{2}{3}$の確率で誰も救われないので、期待値としては200人が救われることになる（$\frac{1}{3} \times 600 + \frac{2}{3} \times 0 = 200$）。一方で、対策Dでは$\frac{1}{3}$の確率で誰も死なず、$\frac{2}{3}$の確率で600人が死ぬので、

期待値としては400人が死ぬことになる（$\frac{1}{3} \times 0 + \frac{2}{3} \times 600 = 400$）。対策Bと対策Dの結果はやはり同じである。

さらに言えば、これら4つの対策のいずれもが200人が救われる（あるいは、400人が死ぬ）という同一の結果を表している。ただし、問題1では「○○人の人が救われる」という表現であるのに対し、問題2では「△△人の人が死ぬ」という表現になっているという違いはある。

また、対策BとDには確率的な要素がある一方、対策AとCにはないという違いもある。したがって、リスク回避的な人ならば、確率的な要素のある対策BとDは避けるだろうと予想される。逆に、リスク愛好的な人は対策BやDを好むだろう。

なお、実験では必ずどちらかの対策を選ばないといけない。また、実験の参加者はランダムに問題1か2に割り当てられているため、対策A（対策C）を好むリスク回避的な人と対策B（対策D）を好むリスク愛好的な人がそれぞれの問題に均等に分かれるため、各対策の選択割合は同一になることが予想されるが、実験結果では多くの参加者がそれぞれ対策Aと対策Dを選んでいる。

つまり、「○○人の人が救われる」という表現の問題1では多くの人がリスク回避的な選択（対策A）を選ぶ一方で、「△△人の人が死ぬ」という表現の問題2では多くの人がリスク愛好的な選択（対策D）を選んでいるということである。したがって、同じ結果を生む対策について、「○○人の人が救われる」と「△△人の人が死ぬ」という

表現の違いだけで、選択を変えた人がかなりいたことになる。巧みな言葉遣いに騙されるのは「朝三暮四」の猿たちだけではないのである。トヴェルスキーとカーネマンは、このように表現の違いだけで人の選択や判断が変わることをフレーミング効果と呼んでいる。

ブルームフィールド（Bloomfield, 2006）は、アジアの疾病問題において、問題文中の犠牲者の数の大きさがフレーミング効果に関係するかについて調べる実験を行っている[*2]。トヴェルスキーとカーネマンの実験と同様に、被験者は2つのグループに分けられ、それぞれ問題1と2のように、人が救われるという文脈（利益フレーム）の課題と人が死ぬという文脈（損失フレーム）の課題に直面した。さらに、それぞれのグループが2つに分けられ、片方はトヴェルスキーとカーネマンの実験と同様の問題（大グループ条件）、もう片方には同じ問題だが犠牲者の数が100分の1になった問題（小グループ条件）が示された[*3]。

その結果によれば、大グループ条件では、利益フレームでは73％がリスク回避的な対策Aを選び、損失フレームでは73％がリスク愛好的な対策Dを選んでおり、トヴェルスキーとカーネマンの実験と同様にフレーミング効果が見られた。

しかし、小グループ条件では、利益フレームでは40％がリスク回避的な対策Aを、損失フレームでは80％がリスク愛好的な対策Dを選んでおり、利益フレームと損失フレームの双方において過半数以上がリスク愛好的な選択をして

いるため、フレーミング効果は見られなかったことになる。つまり、犠牲者の数が少ない場合にはフレーミング効果は見られなかったということである。

ところで、実験では通常、いくつかの条件（処理、問題）を比較するが、それぞれの条件を別の被験者に課す場合を被験者間計画というのに対し、各被験者にすべての条件を課す場合を被験者内計画という。トヴェルスキーとカーネマンの実験やブルームフィールドの実験では、利益フレームの問題と損失フレームの問題を別々の被験者に課しているので被験者間計画であった。

これに対して、マホニーら（Mahoney et al., 2011）は、被験者内計画による実験を行っている。つまり、同じ人が利益フレームと損失フレームの問題の両方に回答するということである。もし、このような設定でもフレーミング効果が見られるなら、それは被験者間計画の場合よりもずっと直接的な証拠が得られると期待できるだろう。

その上で、マホニーらは、ブルームフィールドと同様に、問題文中の犠牲者の数の大きさがフレーミング効果に影響するかどうかをその実験で検討している。その実験では、トヴェルスキーとカーネマンの実験と同じ問題と、問題文中の犠牲者の数が10分の1になった場合とを比較している[*4]。

その結果によれば、トヴェルスキーとカーネマンの実験と同じ問題においては、利益フレームにおけるリスク愛好的な選択の割合は損失フレームにおける同じ割合よりも30％少なく、その差は統計的に有意であった。また、問題文

中の犠牲者の数が10分の1になった場合においても、利益フレームにおけるリスク愛好的な選択の割合は損失フレームにおける同じ割合よりも24%少なく、その差は統計的に有意であった。したがって、マホニーらの実験は、問題文中の犠牲者の数にかかわらずフレーミング効果が見られることを示していることになる。

選好の逆転

同じ人が、利益フレームではリスク回避的な選択を行い、損失フレームではリスク愛好的な選択を行うというのは不合理であると、通常は考えられるだろう。

図1には、トヴェルスキーとカーネマンの実験における問題1で、多くの被験者が示したリスク回避的な価値関数（選好）が示されている。横軸は問題文中、それぞれの対策の下での生存者数で、縦軸はそれぞれに対する被験者の満足度を表している。生存者が0人のときが参照点で、その場合の満足度を0とする。このとき、対策Bを選ぶと確率$\frac{1}{3}$で600人が救われるが、確率$\frac{2}{3}$で誰も救われない。この場合の満足度の期待値は、

$$\frac{1}{3} \times 生存者600人の満足度$$

となる。グラフから明らかな通り、対策Aの下で得られる満足度の方が対策Bの下で得られる満足度よりも大きいので、このような選好を持っている被験者は対策Aを選ぶだ

図1　問題1でのリスク回避的な選好

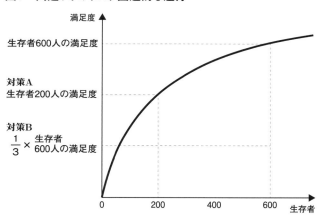

図2　問題2でのリスク愛好的な選好

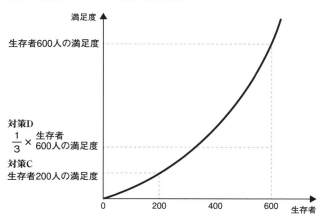

第5章　ものは言いよう？——フレーミング効果

ろう。

しかしながら、トヴェルスキーとカーネマンの実験における問題2では、多くの被験者は、確実に400名が死ぬという対策Cよりも、確率$\frac{1}{3}$で誰も死なないが、確率$\frac{2}{3}$で600人が死ぬという対策Dの方を好んでいた。このような選好は、図2に示されたような価値関数によってしか説明できないだろう。

したがって、問題1と2の間で、多くの被験者の選好が、リスク回避的なものからリスク愛好的なものへと変化したとしか考えられないが、わずか1時間程度の実験時間内に被験者の選好が変化するとは通常、考えにくい。したがって、内容は同じでも問題文の記述次第で被験者の選好が変化するこうしたフレーミング効果は、なんらかの不合理性を示しているように思われたのである。

プロスペクト理論による説明

しかし、このようにフレーミング効果を示す人々の選択は、プロスペクト理論によって合理的に説明可能である。最初に問題1について考える。この場合、参照点は全員が死ぬ状態、つまり、生存者が0人のときだとする。そのため、選択した対策によって生存者が増えるほど利益と感じることになる。

図3（162頁）にはこの場合のプロスペクト理論の価値関数が描かれている。横軸は生存者数で、縦軸は満足度である。なお、生存者が0人のときを参照点として、そのとき

の価値関数の値は0としている。問題1で対策Aを選べば200人が救われるので、

生存者200人の満足度

が得られる。それに対して、対策Bを選べば確率$\frac{1}{3}$で600人が救われるが、確率$\frac{2}{3}$で生存者は0人となるので、この場合の満足度の期待値は、

$\frac{1}{3}$×生存者600人の満足度

となる。生存者200人の満足度の方が$\frac{1}{3}$×生存者600人の満足度よりも大きいので、対策Aの方が好ましい。

次に、問題2について考える。この場合、参照点は誰も死なない状態、つまり、生存者が600人のときだと考えればよい。つまり、選択した対策によって生存者が減るほど損失と感じるということである。図4（163頁）にはこの場合のプロスペクト理論の価値関数が描かれている。なお、生存者が600人のときを参照点として、そのときの満足度を0としている。このグラフは、ちょうど図3の価値関数を右に平行移動したものとなっていることに注意してほしい。

問題2で対策Cを選べば400人が死に、生存者が200人になるので、

生存者200人の満足度

図3　生存者0人の状態を参照点にした場合

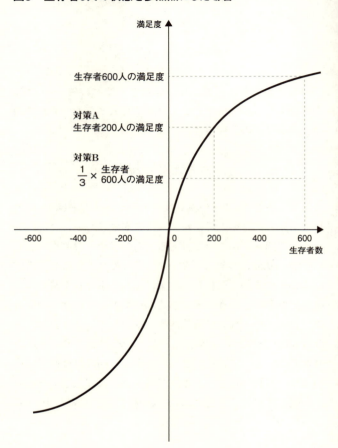

図4 生存者600人の状態を参照点にした場合

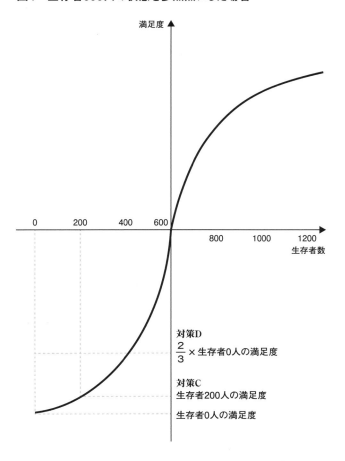

第5章 ものは言いよう?——フレーミング効果

が得られる。それに対して、対策Dを選べば確率$\frac{1}{3}$で誰も死なずに、生存者が600人になるが、確率$\frac{2}{3}$で生存者は0人となる。生存者が600人のときが参照点で、そのときの満足度が0であることから、この場合の満足度の期待値は、

$$\frac{2}{3} \times 生存者0人の満足度$$

となる。グラフからもわかるように、$\frac{2}{3}$×生存者0人の満足度の方が生存者200人の満足度よりも大きいので、対策Dの方が好ましい。

こうして、プロスペクト理論に従えば、問題1の場合はリスク回避的な対策A、問題2の場合はリスク愛好的な対策Dが好まれるという実験結果は、価値関数の形状を変えないまま、参照点を平行移動することによって合理的に説明できた。

なお、この結果は、利益の場合も損失の場合も感応度逓減の価値関数という仮定（第2章参照）だけから導かれているのであって、同じ額の利益よりも損失の方が重く評価されるという損失回避性とは何の関係もないことに注意しよう。

また、ブルームフィールドの実験が示したような、問題文中の犠牲者の数が多い場合にはフレーミング効果が見られるが、犠牲者の数が少ない場合にはそれが見られないという現象についても、参照点の平行移動だけで説明できる。

図5（次頁）には、生存者6人の場合が参照点で、そのときの満足度が0である場合の価値関数が描かれている。この場合、利益フレームでは確率$\frac{1}{3}$で6人が救われるが、確率$\frac{2}{3}$で誰も救われない場合の満足度の期待値

$$\frac{2}{3} \times 生存者0人の満足度$$

は確実に2人が救われる場合の満足度よりも高くなっている。損失フレームの場合も生存者6人の場合が参照点だとすると同じ価値関数のグラフとなる。したがって、利益フレームにおいても損失フレームにおいても生存者6人の場合が参照点であったと考えれば、ブルームフィールドの実験で被害者の数が少ない場合にはフレーミング効果が見られず、利益フレームでも損失フレームでもリスク愛好的な選択が見られたということを説明できる。

　しかし、こうしたプロスペクト理論によるフレーミング効果の説明では、利益フレームおよび損失フレームのそれぞれにおいて、問題文中の犠牲者の数に応じて、なぜ被験者の参照点が変化するのかについては明確な理論がなく、実験結果からの後付け的な説明にしかなっていないという問題は残るだろう。

　いずれにせよ、言えることは、プロスペクト理論によれば、フレーミング効果は不合理な選択ではなく、問題文の記述によって参照点が移動することだけによって説明可能であるということである。

図5 生存者6人の状態を参照点にした場合

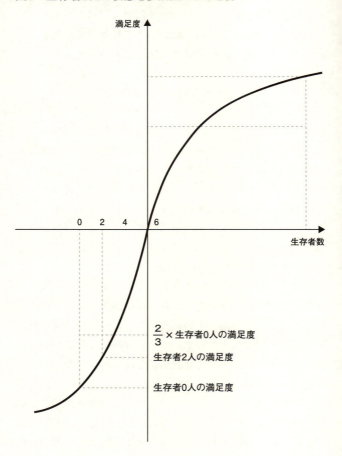

フレーミング効果と認知能力

 しかし、本当にフレーミング効果は被験者の不合理性と関係がないのだろうか。その点を確かめようとした実験がいくつかある。認知科学における二重過程理論によれば、人間の判断や決定には直観的・感情的に判断するシステム１と熟考的・理性的に判断するシステム２がある（Kahneman, 2011）。一般には、住宅の購入などの大きな金額がかかわる選択では、人は時間をかけて最善の選択をしようとするだろうから、熟考的・理性的なシステム２に従って選択する可能性が高いが、とっさに判断しなければならないような状況では直観的・感情的なシステム１に従う可能性が高いだろう。

 そこで、被験者がアジアの疾病問題に回答する際に、とっさに判断しなければならないほど短い時間しか与えられないような状況を設定した場合にフレーミング効果が頻繁に見られるとすれば、それはシステム１に由来する不合理な選択だと考えられるだろう。

 スベンソンとベンソン（Svenson and Benson, 1993）は、フレーミング効果について、回答時間に制限がある場合とない場合との比較実験を行っている（実験１）。実験の被験者は、ほかの問題も含めてアジアの疾病問題と同様の問題（病名が AIDS と具体的にされている）を、スクリーンに提示された順に１つずつ答えていった。アジアの疾病問題と同様の問題については、時間制限のある場合には回答時間は

40秒間であった。

　回答の際に時間制限があることをプレッシャーに感じるかどうかが実験の前後に10段階のスコアで測定され、時間制限のないグループでは、実験前には2.7だったスコアが実験後には2.8とほぼ変化していないのに対して、時間制限のあるグループでは、実験前には2.7だったスコアが実験後には4.7に上昇しており、時間制限があることがプレッシャーになっていたことが確認できている。

　被験者の回答では、リスク回避的な対策とリスク愛好的な対策を選ぶだけでなく、どちらがより好ましいか10段階で答えるようになっていた（1ならば「2つの対策に違いはない」、10ならば「2つの対策に大きな違いがある」）。図6に示されているように、時間制限がある場合には利益フレームと損失フレームで、2つの対策の間に差は見られなかったが、時間制限がない場合には、利益フレームではリスク回避的な対策が好ましく（スコアの平均がプラス）、損失フレームではリスク愛好的な対策が好ましい（スコアの平均がマイナス）となっており、フレーミング効果が見られた。つまり、時間制限のある場合の方が不合理な選択をしやすいため、フレーミング効果が生じるという当初の仮説とは真逆の結果になったのである。

　スベンソンとベンソンは、さらにアジアの疾病問題と類似の問題（病名がガンやインフルエンザなど）も加えた実験2も実施しているが、結果は実験1と同じであった。ただし、2つの対策に対する10段階の好ましさのスコアではなく、

図6 時間制限と対策の好ましさ

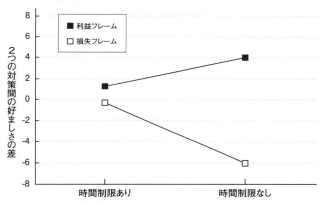

Svenson and Benson(1993)より

　選択頻度を見るかぎりでは、時間制限がある場合もない場合もともに、利益フレームではリスク回避的な対策、損失フレームではリスク愛好的な対策が多く選ばれていた。このことから、時間制限の有無とフレーミング効果との関係は、選択頻度で見ても限定的なものだと解釈されるだろう。

　ホイットニーら(Whitney et al., 2008)は、デ・マルティーノら(De Martino et al., 2006)によって開発されたギャンブル課題によってフレーミング効果の実験を行った。その課題では、最初に一定の資金、たとえば100ドルが被験者に与えられる。次に、利益フレームでは、確実なオプションを選べば80ドルが手元に残るが、ギャンブル・オプションを選べば80％の確率で100ドルが手元に残り、20％の確

率で100ドルを失うという2つのオプションが提示される。損失フレームでは、確実なオプションを選べば20ドルが失われるが、ギャンブル・オプションを選べば80％の確率で100ドルが手元に残り、20％の確率で100ドルを失うという2つのオプションが提示される。この場合、ギャンブル・オプションの内容は同一であるが、確実なオプションは同じ内容を別々のフレームで記述していることに注意してほしい。

この実験では、被験者は各問題を6秒以内で答えなければならなかった。その上、ワーキングメモリー条件では、ギャンブル課題の前に提示される5文字のランダムなアルファベットを覚えて、ギャンブル課題回答後に、たとえば、3文字目は何だったかを答えるよう要求された。このため、被験者はワーキングメモリー条件では、5文字を覚えておくために認知的負荷がかかった状態でギャンブル課題に取り組まないといけなかったわけである。このような認知的負荷がかかっている状況では、被験者はギャンブル課題に十分集中できず、期待値の計算などが必要なギャンブル・オプションより確実なオプションが選ばれやすいと考えられた。

この実験は、初期資金や確率の違う24問が1セットで、合計4セットを被験者は回答しなければならなかった。このうち2セットがワーキングメモリー条件で、残りは文字の記憶が要求されなかった。24問中8問が利益フレーム、8問が損失フレームで、残り8問がそれ以外のギャンブル

図7 ギャンブル課題の実験結果

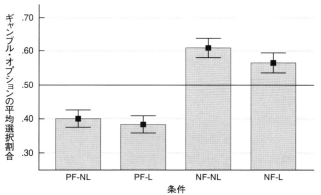

Whitney et al. (2008) より

課題であった。[*5] これらがランダムな順で提示されている。

図7にはホイットニーらの実験結果が示されている。利益フレーム（PF）ではギャンブル・オプションが選ばれる割合は50％以下であるのに対して、損失フレーム（NF）ではそれが50％以上であることから、フレーミング効果が生じていることがわかる。ワーキングメモリー条件（L）の方がそうでない条件（NL）よりもギャンブル・オプションが選ばれる割合が低くなっている。これらの差は統計的に有意であった。

したがって、認知的負荷が高い状況では、人は確実なオプションを選択する傾向があるということである。しかし、ワーキングメモリー条件であってもそうでなくても、利益

フレームと損失フレームで支配的な選択が異なるというフレーミング効果が存在するため、この実験では人の認知能力とフレーミング効果との関係は検証されなかったと見るべきだろう。

グオら (Guo et al., 2017) は、ホイットニーらと同様のギャンブル課題を用いて、ワーキングメモリー条件による認知的負荷ではなく、スベンソンとベンソンと同様に、回答時間に制限がある場合とない場合を比較する実験を行っている。ギャンブル課題では、確実なオプションと、それと期待値が等しいギャンブル・オプションのどちらかを選択する。被験者は、ギャンブル課題について利益フレームの72問と損失フレームの72問、またそれ以外のギャンブル課題について16問、合計160問に回答することを1セッションとして、時間制限があるセッションと時間制限がないセッションの両方に参加した（被験者内計画）。なお、時間制限があるセッションでは、1問につき1秒以内で答えるよう要請された。

実験結果によれば、損失フレームでは58％の被験者が時間制限のないセッションよりもそれがあるセッションにおいてギャンブル・オプションを選択する傾向があり、時間制限がある方がリスク愛好的になるが、利益フレームでは逆に、71％の被験者が時間制限のあるセッションよりもそれがないセッションにおいてギャンブル・オプションを選択する傾向があり、時間制限がある方がリスク回避的になることが示されている（実験1）。このように、グオらの実

験では、時間制限がある方がフレーミング効果がより顕著に現れることを示している。

ディーデリッヒら（Diederich et al., 2018）は、アジアの疾病問題を用いて、罹患者（潜在的な犠牲者）の数の大きさと時間制限がフレーミング効果の発生と関係があるのかを調べる実験を行っている。この実験では、アジアの疾病以外に、病名がよく知られている白血病の場合と AIDS の場合とが比較されている。実験では、被験者はこれら３つの病気に関する問題のうち２つに答えることになっている。

また、問題には罹患者の数が小さい場合と大きい場合があり、解答する問題のうち片方の病気については罹患者の数が小さく、別の方の病気では罹患者の数が大きい場合に設定されていた。なお、罹患者の数が小さい場合には、罹患者の数が20、40、60、80人というケースが含まれており、罹患者の数が大きい場合にはその数が100倍されたものが含まれている[*6]。また、リスクのある選択の場合に、罹患者が救われる（死なない）確率は0.3、0.4、0.6、0.7の場合が含まれている。

こうした問題が病気ごとに、利益フレームで48問、損失フレームで48問、確実なオプションとリスクのあるオプションの期待値が異なるそれ以外の問題24問、合計120問用意され、それに回答することを１セッションとして、被験者は制限時間が１秒のセッションと３秒のセッションの両方に参加している。

したがって、被験者は２つの病気につき２種類の制限時

間で答えるので、合計4つのセッションに参加し、罹患者の数や救われる確率が異なる、利益フレームと損失フレームを含む480問に答えたことになる。

実験結果では、損失フレームにおける60.3%、利益フレームにおける41.9%がリスク愛好的な選択となっており、フレーミング効果が確認されている。また、制限時間が3秒の場合、損失フレームにおける56.2%、利益フレームにおける46.2%がリスク愛好的な選択となっているのに対して、制限時間が1秒の場合、損失フレームにおける63.7%、利益フレームにおける37.3%がリスク愛好的な選択となっており、グオらの実験と同様に、時間制限がよりきつい場合の方がフレーミング効果がより顕著に現れることが示されている。また、被験者は罹患者の数が多いほどリスク回避的で、罹患者が救われる確率が高いほどリスク愛好的な選択を好むという結果が得られている。

専門家とフレーミング効果

ゲヒターら(Gächter et al., 2009)は、行動経済学や実験経済学を研究している専門家でさえフレーミング効果を示すのかどうかについて、フィールド実験を行っている。ゲヒターらは、2006年にイギリスのノッティンガムで開催された行動経済学や実験経済学に関する専門学会であるEconomic Science Association (ESA)において、次のような実験を行った。学会で論文発表が受理された参加者は当日までに参加登録費を支払う必要があるが、通常、早い時

期に支払うと割引が得られるものである。そこで、ゲヒターらは学会参加者を2つのグループにランダムに分けた上で、次のような2種類のメッセージをそれぞれのグループに送った。

メッセージ1
「2006年7月10日までは、
早期登録に対する参加登録費の割引が得られます」

メッセージ2
「2006年7月10日を過ぎると、
登録延滞に対する罰則が参加登録費に加味されます」

内容的には2006年7月11日からは参加登録費が上がるという同じことを、メッセージ1では利益フレームで、メッセージ2では損失フレームで述べているだけである。ちなみに、この学会では、常勤の研究者（大学教授ら）については、通常の参加登録費は245ドルで、早期登録の場合の参加登録費は195ドルであった。また、大学院生については、通常の参加登録費は195ドルで、早期登録の場合の参加登録費は145ドルであった。

表1（次頁）には、常勤の研究者と大学院生のそれぞれが早期登録を選んだ割合（％）が示されている。常勤の研究者については、利益フレームと損失フレームで早期登録を選んだ割合に統計的に有意な差はなかったが、大学院生

表1 早期登録を選んだ割合（%）

	利益フレーム	損失フレーム
常勤の研究者	88%	81%
大学院生	67%	93%

Gächter et al. (2009) より

については、損失フレームの方が早期登録を選ぶ割合が有意に高かった。

学会参加のための費用を捻出することがより困難な大学院生ほど利益フレームの「割引」という言葉に惹かれる可能性が高いのではないかという予想に反し、「罰則」という言葉がある損失フレームの方が大学院生には早期登録を促す効果があったようである。いずれにせよ、この実験結果は、行動経済学や実験経済学の研究をしている大学院生でさえフレーミング効果の餌食になるということを示している。

フレーミング効果とインセンティブ

ゴールドスミスとダール（Goldsmith and Dhar, 2013）は、大学生を被験者とした実験により、フレーミング効果が労働のインセンティブに与える影響について検討している。この実験では、肉体を動かすような労働の代わりに、アナグラムを解くという課題が被験者に与えられた。たとえば、EKTBASという文字列を並べ替えて意味のある英単語、この場合では、BASKETを作成するといった課題である。被験者にはこうした課題が6問与えられた。そのうち4問は難易度の差はあれ誰でも解ける問題であるが、残りの2問はかなりの難問で、ほとんどの被験者には解けないこと

が予想されていた。

　被験者は、利益フレームでは、正解した課題1問につき25セントが報酬に加えられ、最大で1.5ドルが稼げると教示された。損失フレームでは、被験者には最初に1.5ドルが報酬として与えられ、不正解だった課題1問につき25セントが報酬から差し引かれると教示された。明らかに、利益フレームと損失フレームでは、被験者に与えられるインセンティブは同一である。つまり、同じ数だけ課題に正解すれば、受け取る報酬額は同一である。実験は被験者間計画で実施され、被験者は利益フレームか損失フレームのどちらか1つの下で課題を行った。

　また、被験者は課題すべてに回答する必要はなく、いつでも好きな時間に課題を終えることができた。課題には難問が2つ含まれていたので、どれくらい被験者がその難問に取り組み続けるかで、それぞれのフレームでの報酬のインセンティブ効果を測定しようとしたわけである。そこで、利益フレームと損失フレームのそれぞれで、被験者がどれくらいの時間、この課題に取り組んだかが測定された。平均で見ると、被験者は利益フレームでは9.55分、損失フレームで15.27分の間、課題に取り組んでおり、その差は統計的に有意であった（実験1）。したがって、損失フレームの方が被験者はより多くの時間、課題に取り組むということである。

　ゴールドスミスとダールは次に、実験結果の一般性を見るために、アマゾンのメカニカル・タークを通じて広く一

般から募集した被験者相手にオンライン実験を行った（実験2）。課題はやはりアナグラムを解く課題である。4問が出題され、3問は難易度の差はあれ誰でも解ける問題であるが、残りの1問はかなりの難問となっていた。利益フレームでは正解した課題1問につき2セントが報酬に加えられ、損失フレームでは不正解だった課題1問につき2セントが報酬から差し引かれた。被験者にはほかに50セントの参加報酬が与えられた[*7]。この場合も、被験者は損失フレームにおける方が利益フレームにおけるよりも長い時間、課題に取り組むことが確認されたが、高年齢層ではフレーム間の差異はないことが確認された。

デ・クィートら（De Quidt et al., 2017）も、アマゾンのメカニカル・タークを通じて広く一般から募集した被験者相手にオンライン実験を行っている。この実験では、アルファベットの各文字とランダムな数字の対応表が与えられた上で、課題の単語を数字におき換える（暗号化する）という作業が被験者に課されている。制限時間10分の間になるべく多くの単語を暗号化することが求められた（実験2）。

利益フレームでは、最初に50セントの報酬が与えられた上で、正しく暗号化された単語の数が目標数に達していれば1.5ドルのボーナスが報酬に加えられた。損失フレームでは、最初に2ドルの報酬が与えられた上で、正しく暗号化された単語の数が目標数に達していなければ1.5ドルが報酬から差し引かれるというペナルティが課された。実験では、それぞれのフレームにつき、目標の単語数があらか

じめ被験者に知らされる場合と、知らされない場合の2条件が設定されていた。したがって、実験全体は4つの条件からなり、それぞれ別々の被験者に各条件が割り振られる被験者間計画で実施された。

図8（次頁）には、その実験結果が示されている。上側のグラフは目標の単語数があらかじめ被験者に知らされなかった場合、下側のグラフは知らされた場合の結果である。グラフの横軸は正しく暗号化された単語の数で、縦軸はそれぞれの単語数まで暗号化できた被験者の累積頻度である[*8]。グラフから明らかなように、利益フレームと損失フレームとの間に、暗号化できた単語数の分布に差はなく、損失フレームの方が被験者が課題を解くインセンティブに大きな効果があるということはなかった。

ホサインとリスト（Hossain and List, 2012）は、中国の電子機器メーカーの労働者を相手にしたフィールド実験を行っている。この実験の基本となる処理では、労働者たちはそれぞれ利益フレームか損失フレームに割り当てられ4週間の仕事をしたあと、割り当てのフレームを入れ替えてさらに4週間仕事をすることになっている。利益フレームでは、毎週1時間あたりの生産量（生産性）が目標値以上の場合にはその週の給与に80元が追加されると教示され、損失フレームでは、最初に給与が320元増加された上で、毎週の生産性が目標値より低い場合にはその週の給与から80元減額されると教示された。したがって、利益フレームでも損失フレームでも4週間連続して目標値以上の生産量を

図8 デ・クィートらの実験結果

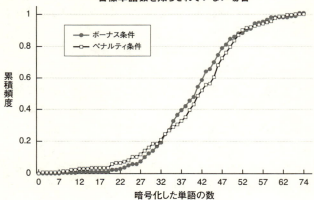

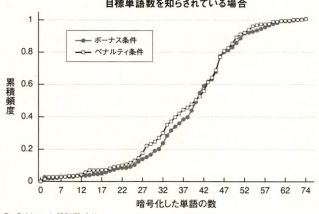

De Quidt et al.（2017）より

図9　ホサインとリストの実験結果

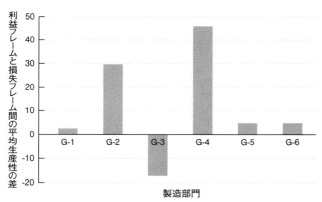

Hossain and List (2012) より

実現できれば合計で320元の給与増となる。

　図9にはその実験結果が示されている。横軸のG-1からG-6は、実験が行われた工場における異なる製造部門を表している。縦軸はそれぞれのグループでの損失フレームにおける生産性の平均から利益フレームにおける生産性の平均を引いた値を示している。したがって、棒グラフの値が0以上ならば、損失フレームにおける方が生産性が高かったということである。実際、6グループ中5グループがそのようなケースであった。しかし、全体で見れば、統計的に有意な差はあったものの、生産性は損失フレームにおける方が利益フレームに比べて1%高いだけであった。

フレーミング効果と嘘をつくインセンティブ

グロローら（Grolleau et al., 2016）は、利益フレームと損失フレームで被験者が嘘をつく頻度が異なるかどうかを次のような課題を用いて実験室実験で確かめた。被験者には、表2のような2つのマトリクス（数字を方形に並べたもの）のペアが20組提示された。その上で、被験者は、それぞれのペアにおいてちょうど足して10になるように、マトリクス1から1つ、マトリクス2から1つの数字を選ぶことが要請された。たとえば、表2の例では、マトリクス1から5.17、マトリクス2から4.83を選べば、ちょうど足して10になっている。回答時間は5分間で、その間になるべく多くのマトリクスのペアについてそのような数字を見つけることが課題であった。

利益フレームでは、被験者は無報酬の状態からはじめて、正解の数字のペアを1つ見つけるたびに1.5ユーロの報酬が与えられた。損失フレームでは、最初に30ユーロの報酬が与えられ、不正解だったペアごとに1.5ユーロが報酬から差し引かれた。このように、正解数が同じであれば、利益フレームでも損失フレームでも報酬額は同一となっている。

また、被験者は、実験者が被験者の回答をチェックする監視条件と、被験者が自己申告で正答数を答える非監視条件のどちらかにランダムに割り当てられた（被験者間計画）。監視条件では被験者は自分の正答数を偽ることができないが、非監視条件では自分の正答数を偽ることができる。そ

表2 グロローらの実験課題

マトリクス1		
5.41	4.71	5.88
5.16	5.87	4.44
5.64	5.17	5.19
4.38	4.33	4.62

マトリクス2		
3.69	5.69	5.02
4.83	4.63	5.86
5.26	5.79	5.81
6.32	4.67	5.58

Grolleau et al. (2016) より

れで、非監視条件において、損失フレームの方が利益フレームよりも被験者は嘘をつく傾向があるかどうかが研究の焦点となっていた。被験者が損失回避的であるなら、損失フレームにおいて正答数を偽る可能性が高いと予想されていた（なお、被験者が損失回避的でなくても、この予測は参照点の移動だけで説明可能である）。

実験結果によれば、監視条件では利益フレームと損失フレームとの間で正答数の平均に統計的に有意な差はなかったが、非監視条件では、損失フレームにおける申告された正答数の平均が10.22であったのに対して、利益フレームでは5.15と倍近い差があり、この差は統計的に有意であった。損失フレームにおける方が嘘をつくインセンティブがあるということである。

ディマントら（Dimant et al., 2020）は、アマゾンのメカニカル・タークで募集した1200人の一般人の被験者を相手に次のような課題の実験を行った。課題は「マインド・ゲーム」と呼ばれているもので、最初に被験者はサイコロの

目の1から6のどれかを頭の中で思い描く。次に、コンピュータ画面上のサイコロを振り、出た目を確認する。最後に、実際に出た目が思い描いたサイコロの目と同じであったら正解として、正解したかどうかを申告する。同じ目だと申告した場合は、10セントの報酬が得られる。

　実験者は被験者が頭の中で思い描いたサイコロの目を確かめようもないので、これは、グロローらの実験における非監視条件と同様な状況になっている。もし被験者が正直に申告しているとすれば、被験者が正解だったと申告する割合は、平均的には、サイコロのそれぞれの目が出る確率 $\frac{1}{6}$ = 1.67 と等しいはずである。たとえば、あなたが頭に思い浮かべた目が3のとき、コンピュータ画面上のサイコロの目も3になる確率は $\frac{1}{6}$ である。ディマントらは、このマインド・ゲームを被験者に20回繰り返し行わせた。

　この実験では、被験者はさらに以下の4つの条件のうちの1つにランダムに割り当てられ（被験者間計画）、マインド・ゲームを実施する前に、それぞれ別々の正直申告を促すと期待されるメッセージを提示された。これを規範に基づくナッジという。この実験での規範に基づくナッジは2つの次元に分解される。1つ目の次元はフレーミングで、ポジティブなフレームとネガティブなフレームのどちらかである。2つ目の次元は事実を述べる実証的な内容であるか、何をすべきかを示唆する規範的な内容であるかのどちらかである。この2つの次元の組合せで4通りのメッセージが構成されている（表3）。

表3　ディマントらの実験における規範に基づくナッジ

	ポジティブ	ネガティブ
実証的	大多数の被験者は、この課題では正直に申告していました。 (45.0%)	ごく少数の被験者は、この課題では不正直に申告していました。 (41.4%)
規範的	大多数の被験者は、この課題では申告は正直にすべきだと述べていました。 (44.9%)	ごく少数の被験者は、この課題では申告は正直にすべきではないと述べていました。 (46.7%)

　明らかに、ポジティブなメッセージとネガティブなメッセージは同じことを述べているので、もしこの規範に基づくナッジの違いで被験者の正直申告の頻度が異なるなら、フレーミング効果が確認できたことになる。

　表3のそれぞれのセルには、それぞれの規範に基づくナッジを提示された被験者が正解だと申告したパーセンテージが記載されている。いずれの場合も、正直に申告したとすれば予想される割合（16.7%）をはるかに超える割合であることから、虚偽の申告がなされていることがわかる。一方で、4つのメッセージ間では、正解だと申告したパーセンテージにほとんど差はなく、統計的にも有意な差がなかった。フレーミング効果は確認できなかったのである。

感染予防策とナッジ

　オッターブリンクら（Otterbring, et al., 2021）は、スカン

ジナビア諸国において豚インフルエンザの感染が見られた2013年、および新型コロナウイルス感染症（Covid-19）が広まった2020年に、アジアの疾病問題に関する実験を行っている。この実験では、利益フレームと損失フレームの区別のほかに、問題文中の病名がトヴェルスキーとカーネマンの実験と同様に「未知の病い」である場合と、実験当時に流行していた病気（豚インフルエンザや Covid-19）である場合が比較されている。現実に身近で流行している病気である方が、感染の危機がより鮮明なので被験者の選択がより影響を受けやすいと考えられたのである。

　実験結果では、どちらの実験でも利益フレームにおいてはリスク回避的な選択が、損失フレームにおいてはリスク愛好的な選択が多く見られ、フレーミング効果が確認されているが、2013年の実験でも2020年の実験でも病名は被験者の選択に統計的に有意な差をもたらさなかった。なお、2020年の実験では、被験者が感情に左右されやすいかどうかの尺度と、ソーシャル・ディスタンスを守る、マスクを着用する、手を洗うといった感染予防策を取ることに対する積極性も同時に測定された。その結果は、問題文中の病気が Covid-19 であり、また感情的である人ほど、利益フレームにおいては感染対策に積極的であると答える傾向があった。

　佐々木ら（Sasaki et al., 2021）は、やはり Covid-19 が広まった2020年に、利益フレームと損失フレームのメッセージを被験者に送付し、それが感染予防策を取ることに影響す

るかどうか、オンライン実験を行っている。被験者には、感染を予防するには他人との接触を避け、三密を避け、手洗いやマスク着用が効果的であると説明した上で、利益フレームの利他的メッセージでは、これらの対策を取ることで「あなたの身近な人の命を守ることができます」と説明され、損失フレームの利他的メッセージでは、これらの対策を取らないことで「あなたの身近な人の命を危険にさらすことになります」と説明された。利己的メッセージでは、これらの対策を取ることで「あなた自身の命を守ることができます」と説明され、利他的・利己的メッセージでは、これらの対策を取ることで「あなた自身とあなたの身近な人の命を守ることができます」と説明された。ベースラインのメッセージでは、「自宅に留まればあなたの身近な人の命を守ることができます」とだけ伝えられた。被験者はこれらのうちどれか1つのメッセージを約1か月おきに3回受け取った。その際、スーパーマーケットやレストランに出かけたかどうかなど、その間の行動について尋ねられると同時に、常にマスクを付けて出かけたかどうかなどの感染予防策を取ったかどうかも尋ねられた。分析結果によれば、これらのうち、利益フレームの利他的メッセージだけが、感染予防対策を取らせるのに効果的であった。

佐々木ら(2022)は、Covid-19に対するワクチン接種を促すナッジの効果を次のようなオンライン実験で検証している。被験者は、ワクチン接種が感染予防に効果的であることや副作用を伴うことを説明された上で、比較ナッジ・

グループでは、「あなたの世代では10人に7、8名がワクチン接種をするつもりだと答えています」といったメッセージを受け取っている[*9]。利益フレーム・グループでは、このワクチンを接種する人が増えるほどワクチン接種を希望する人は増えるだろうと教示された上で、「あなたがワクチンを接種すれば、あなたの周りの人々のワクチン接種を促すことになります」と告げられ、損失フレーム・グループでは、「あなたがワクチンを接種しなければ、あなたの周りの人々もワクチンを接種しないでしょう」と告げられた。実験結果では、利益フレーム・グループの高齢者層（65-74歳）では新規にワクチン接種を希望する人が増えた。また、比較ナッジや損失フレームのグループでもワクチン接種意欲が増加したが、損失フレームでは高齢者層に不安などのネガティブな感情を引き起こす傾向があった。

　ドリソンら（Dorison et al, 2022）は、利益フレームおよび損失フレームのメッセージが、被験者にステイホームやマスク着用といったCovid-19に対する感染予防策を取らせることに効果的であるかどうかを調べるために、2020年に84か国、1万5929人を対象とした広域・大規模なオンライン実験を行っている。利益フレームでは、感染予防策を取ることで自分自身やほかの人の命を守ることができると告げられ、損失フレームでは、感染予防策を取らないことで自分自身やほかの人の命を危険にさらすことになると告げられた[*10]。実験結果では、感染予防策を取るかどうか、Covid-19の感染拡大を防止する政策を支持するかどうか、

Covid-19に関するさらなる情報を収集するかどうかといった変数に対して、利益フレームと損失フレームには効果に違いが見られなかった。一方で、佐々木ら（2022）と同様に、損失フレームにおける方が利益フレームにおけるよりも不安感が高くなることが示された。こうした傾向は84か国で共通しているということが報告されている。

フレーミング効果に関するメタ分析

ここまで、フレーミング効果を検証するさまざまな実験について述べてきたが、実験条件次第でフレーミング効果が確認されることもあれば、そうした効果が見られない場合もあった。結局のところ、これまでの研究からフレーミング効果についてはどのようなことが言えるのだろうか。そこで、フレーミング効果に関するメタ分析の結果を検討してみよう。

シュタイガーとキューベルガー（Steiger and Kühberger, 2018）は、フレーミング効果に関して、キューベルガー（Kühberger, 1998）が初期に行ったメタ分析をやり直し、その拡張を行っている。

ここで、メタ分析とは、ある特定の問題について、複数の研究結果を統合する統計分析手法のことである。これまでも見てきたように、個々の実験は実験デザインや被験者層など、多くの点で異なっている。そうしたさまざまな研究から得られた知見を総合したり比較したりすることで、特定の問題について効果があったのかどうかや、実験デザ

インや被験者層のどのような違いが結果の違いに導くのかなどを分析するのがメタ分析である。

メタ分析においては、実験デザインの異なるデータを総合するため、データの単位に依存しないような評価尺度が必要である。そこでよく用いられるのが効果量というものである。効果量の中ではコーエンの d という値がよく用いられる。

たとえば、フレーミング効果を検証する実験の場合、利益フレームと損失フレームにおけるリスク愛好的な選択の頻度の差が問題となる。利益フレームではリスク愛好的な選択は少なく、損失フレームではそれが多くなる。そして、この差が大きいほど、フレーミング効果の傾向が高いことになる。この効果の差をデータのばらつき度合い（標準偏差）で割ったものがコーエンの d である。データには一般に、ばらつき＝ノイズが存在する。このノイズに比べて、利益フレームか損失フレームかという実験での処理の違いで生じる効果がどれくらい大きいかを示すのがコーエンの d というわけである。一般に、この d の値が0.8なら大きな効果、0.5なら中程度、0.2なら小さな効果があると言われる。

キューベルガーによる初期のメタ分析では、136件の研究データを基にフレーミング効果の効果量を測定していた。しかしながら、キューベルガーの分析では出版バイアスの影響を除去できていなかったと考えられるため、シュタイガーとキューベルガーはそのメタ分析をやり直すことにしたのである。出版バイアスとは、統計的に有意な差がない

研究よりも有意な差があった研究の方が学術雑誌に掲載されやすいため、雑誌に掲載された研究のデータを分析すると、分析対象となる効果が過大評価されやすくなるということである。

シュタイガーとキューベルガーは、出版バイアスの影響を取り除いてキューベルガーが分析に用いたデータを再分析した結果、フレーミング効果に関する効果量dの値は0.31から0.52に増加したことを示している。また、キューベルガーの分析で使用された1990年代までのデータのほかに、2016年に公刊されたデータを分析してもほぼ同様の結果が得られている。そこから、シュタイガーとキューベルガーは、フレーミング効果については頑健な証拠があると結論している。[*11]

ただし、シュタイガーとキューベルガーのメタ分析では、2000年代の研究の多くが対象から外れているため、本章でこれまで紹介してきた研究の多くが含まれておらず、今後再検討が必要になるだろう。

註
*1　同じ話は『荘子』にも見られる。
　「すべてを同一にしようと苦心しながら、万事同一であることがわかっていない、それを朝三という。朝三とはどういうことか。猿まわしが猿にどんぐりを与えようとして、『朝は三つで、暮は四つだ。』といったところ、猿どもが怒った。そこで『そ

れなら、朝四つ暮三つにしよう。』というと、猿どもは喜んだ。名称も内容ももとのままにして、猿まわしは猿の喜怒を利用している。これも猿の天性に従って猿まわしが処置しているのである。故に聖人は是非を調和して天鈞の地に身を休めるが、これを両行という」(『荘子』内篇 斉物論第二、市川安司他、1966年『新釈漢文大系 第7巻 老子・荘子 上』明治書院、p.165-166)

*2　ブルームフィールドはほかに、病気の犠牲になるのが人ではなく動物である場合の課題でも実験している。

*3　ブルームフィールドの実験では、さらに被験者に犠牲になる可能性がある人と動物の写真を見せるグループ、写真とその名前を見せるグループ、何も見せないグループに分けられている。本書ではこのうち、トヴェルスキーとカーネマンの実験に対応する何も見せないグループの結果だけを示している。

*4　マホニーらは、このほかに、病気の名前をAIDSや肺がん、白血病などのよく知られた病いに変えた場合も比較している。多少の差はあるが、本文中に示した場合とほぼ同じ結果が得られている。

*5　これらの課題では、確実なオプションとギャンブル・オプションでの期待収益率が異なるので、どちらか一方が確実に好ましい選択になる。こうした課題を混ぜることで、被験者が注意深く選択をしたかどうかを確認したのである。

*6　ほかに、たとえば、19、20、21のように、それぞれの数のプラスマイナス1名の場合も設定されている。

*7　実験1に比べて実験2における報酬の額が少ないのは、アマゾンのメカニカル・タークを通じた実験の相場に合わせたためだとゴールドスミスとダールは説明している。

*8　それぞれの単語数を暗号化できた被験者の割合を、単語数

の小さい方から順に足し合わせていったのが累積頻度である。たとえば、1語を暗号化できた被験者の割合が0.1、2語を暗号化できた被験者の割合が0.3とすると、1語まで暗号化できた被験者の累積頻度は0.1、2語まで暗号化できた被験者の累積頻度は $0.1 + 0.3 = 0.4$ となる。

*9　若年層（25–34歳）には、ワクチン接種の実態を踏まえて文中の人数が「10人に6、7名」に変更されている。

*10　実際の実験では、利益フレームと損失フレームの双方で、内容はほぼ同じだが説明の仕方を変えた3パターンのメッセージが使用されている。

*11　フレーミング効果に関するサーベイ論文としては、Levin et al.（1998）、Kühberger（2023）などがある。特に、Levin et al.（1998）は、「アジアの疾病問題」のような「リスク下の選択フレーム」と「属性フレーム」「ゴール・フレーム」を区別し、従来研究をこれら3つに分類整理している。「属性フレーム」とは、「赤身75%の牛肉」（ポジティブ・フレーム）と「脂肪分25%の牛肉」（ネガティブ・フレーム）のどちらを選ぶかを尋ねるような場合であり、「ゴール・フレーム」とは、「乳がん検査を受けると腫瘍を早期に発見できる」（ポジティブ・フレーム）と「乳がん検査を受けないと腫瘍を早期に発見できない」（ネガティブ・フレーム）というメッセージを送付した上で、乳がん検査を受けるかどうかを尋ねるような場合である。

参考文献

Bloomfield, A. N.（2006）"Group size and the framing effect: Threats to human beings and animals." *Memory & Cognition*, 34, 929-937.

De Martino, B., Kumaran, D., Seymour, B., Dolan, R. J. (2006) "Frames, biases, and rational decision-making in the human brain." *Science*, 313, 684-687.

De Quidt, J., Fallucchi, F., Kolle, F., Nosenzo, D., Quercia, S. (2017) "Bonus versus penalty: How robust are the effects of contract framing?" *Journal of Economic Science Association*, 3, 174-182.

Diederich, A., Wyszynski, M., Ritov, I. (2018) "Moderators of framing effects in variations of the Asian disease problem: Time constraint, need, and disease type." *Judgement and Decision Making*, 13, 529-546.

Dimant, E., van Kleef, G. A., Shalvi, S. (2020) "Requiem for a nudge: Framing effects in nudging honesty." *Journal of Economic Behavior and Organization*, 172, 247-266.

Dorison, C. A., Lerner, J. S., Heller, B. H., Rothman, A. J., Kawachi, I. I., Wang, K., et al. (2022) "In COVID-19 health messaging, loss framing increases anxiety with little-to-no concomitant benefits: Experimental evidence from 84 countries." *Affective Science*, 3, 577-602.

Gächter, S., Orzen, H., Renner, E., Starmer, C. (2009) "Are experimental economists prone to framing effects? A natural field experiment." *Journal of Economic Behavior and Organization*, 70, 443-446.

Goldsmith, K., Dhar, R. (2013) "Negativity bias and task motivation: Testing the effectiveness of positively versus negatively framed incentives." *Journal of Experimental Psychology: Applied*, 19, 358-366.

Grolleau, G., Kocher, M. G., Sutan, A. (2016) "Cheating and loss aversion: Do people cheat more to avoid a loss?" *Management Science*, 62, 3428-3438.

Guo, L., Trueblood, J. S., Diederich, A. (2017) "Thinking fast increases framing effects in risky decision making." *Psychological Science*, 28, 530-543.

Hossain, T., List, J. A. (2012) "The behavioralist visits the factory: Increasing productivity using simple framing manipulations." *Management Science*, 58, 2151-2167.

Kahneman, D. (2011) *Thinking, Fast and Slow*, Farrar, Straus and Giroux.(村井章子訳、2014年『ファスト&スロー』上・下、ハヤカワ文庫)

Kühberger, A. (1998) "The influence of framing on risky decisions: A meta-analysis." *Organizational Behavior and Human Decision Processes*, 75, 23-55.

Kühberger, A. (2023) "A systematic review of risky-choice framing effects." *EXCLI Journal 2023*, 22, 1012-1031.

Levin, I. P., Schneider, S. L., Gaeth, G. J. (1998) "All frames are not created equal: A typology and critical analysis of framing effects." *Organizational Behavior and Human Decision Processes*, 76, 149-188.

Mahoney, K. T., Buboltz, W., Levin, I. P., Doverspike, D., Svyantek, D. J. (2011) "Individual differences in a within-subjects risky-choice framing study." *Personality and Individual Differences*, 51, 248-257.

Otterbring, T., Festila, A., Folwarczny, M. (2021) "Replication and extension of framing effects to compliance with health behaviors during pandemics." *Safety Science*, 134, 105065.

Sasaki, S., Kurokawa, H., Ohtake, F. (2021) "Effective but

fragile? Responses to repeated nudge-based messages for preventing the spread of COVID-19 infection." *The Japanese Economic Review*, 72, 371-408.

Sasaki, S., Saito, T., Ohtake, F. (2022) "Nudges for COVID-19 voluntary vaccination: How to explain peer information?" *Social Science & Medicine*, 292, 114561.

Steiger, A., Kühberger, A. (2018) "A meta-analytic re-appraisal of the framing effect." *Zeitschrift für Psychologie*, 226, 45-55.

Svenson, O., Benson, L. (1993) "Framing and time pressure in decision making." Svenson, O., Maule, A. J. eds. (1993) *Time Pressure and Stress in Human Judgement and Decision Making*, Chapter 9, 133-144.

Tversky, A., Kahneman, D. (1981) "The framing of decisions and the psychology of choice." *Science*, 211, 453-458.

Whitney, P., Rinehart, C. A., Hinson, J. M. (2008) "Framing effects under cognitive load: The role of working memory in risky decisions." *Psychonomic Bulletin & Review*, 15, 1179-1184.

小林信明、1967年『新釈漢文大系 第22巻 列子』明治書院、p.123-125

おわりに

　行動経済学は信頼できるのだろうか？

　この疑問に答えるため、本書では行動経済学において中心的な理論であるプロスペクト理論について、さまざまな観点から検討してきた。

　はじめに、第1章では、プロスペクト理論はそもそも科学的な理論であるのかについて、ポパーの反証主義に基づいてなされる疑問を検討した。その疑問とは、「プロスペクト理論では参照点を適当に平行移動することで、どのような現象でも説明可能になってしまうのではないか」というものであった。もし、その通りなら、ポパーの反証主義の観点からは、プロスペクト理論はどのような実験データによっても反証できない非科学的な理論ということになる。しかし、実際には参照点をどのように平行移動しても説明できない現象が存在することを示すことができた。

　こうして、プロスペクト理論は反証可能であることがわかったので、続く第2章からは、参照点依存性、保有効果、損失回避性、それにフレーミング効果といったプロスペクト理論から導かれる主要な効果や傾向性について、それを検証ないし反証しようとした代表的な研究を取り上げ、はたしてプロスペクト理論は反証されてしまったのかどうかを検討した。

　その結果、残念ながら、プロスペクト理論は検証された

とか、あるいは逆に反証されたといった決定的な証拠は得られなかった。

いずれの効果についても、実験条件や実験手順、対象となる被験者層の違いなどにより、ある場合にはプロスペクト理論に対して肯定的な結果が得られたが、別の場合には否定的な結果が得られた。その結果を見て、安堵(あんど)した読者もいるだろうし、残念に思う読者もいるだろう。

しかし、そもそもプロスペクト理論について、今後、それを確実に検証するような、あるいは反証するような「決定的実験」は現れるだろうか？　科学哲学における「デュエム＝クワインのテーゼ」によれば、そのような決定的実験は期待できない。

デュエム＝クワインのテーゼとは、物理学者のデュエム[*1]が唱え、その後、哲学者のクワイン[*2]が発展させた科学哲学の主張で、なんらかの理論上の仮説を検証・反証する実験が計画されたとき、実はその仮説を単独ではテストすることはできず、さまざまな補助仮説とともにしかテストできないという主張である。つまり、仮に実験で理論上の仮説に不利な結果が得られたとしても、それを補助仮説の問題に帰することが可能なため、そうした実験結果は理論に対する反証にはなりえないということになる[*3]。

たとえば、第3章で紹介した保有効果に関するショグレンらの実験は、保有している財を手放す代わりに受け取りたい金額（WTA）と、財を手に入れるために支払ってもよい金額（WTP）の差で測った保有効果が、実験を繰り返す

と消えてしまうというものであった。しかし、この実験に対して、そこでWTAやWTPを測定するために使用されたオークション方式を2位価格から9位価格に変えると、保有効果が顕著に現れ、それは実験を繰り返しても消えていかないという実験結果がその後クネッチらによって示された。

　この場合、保有効果という理論上の仮説は、それを実験的に検証するためのオークション方式をどれにするかという「補助仮説」と切り離しては検証できず、保有効果が消えてしまうという理論上の仮説に不利な結果は、実験に使用されたオークション方式に不備があったためであって、理論上の仮説の反証にはなりえないと主張されたのである。

　このように、プロスペクト理論を検証する、あるいは反証する決定的実験はありえないとしたら、そこからどのような教訓を導き出せるだろうか？

　まず、決定的実験はありえない以上、学術雑誌にプロスペクト理論を検証した、あるいは反証したという論文や記事が掲載されても、それで一喜一憂しない方がいいということである。もちろん、こうした研究を通じて、どのような条件の下でプロスペクト理論から導かれる仮説が検証・反証されやすいかについての知識は確実に深まっていくだろう。しかし、ある1つの研究だけで、プロスペクト理論が検証される、あるいは反証されるということはありえないので、「行動経済学の死」といったセンセーショナルな記事のタイトルを見て、今後は驚かないでほしいと思う。

科学哲学者ハンソン[*4]によれば、理論は経験的事実によって覆されることはなく、理論を覆せるのは理論だけであるということだが、その主張はまさにプロスペクト理論にも当てはまる。実際、経済学の研究において、保有効果やフレーミング効果、損失回避性といった概念はもはや不可欠なものとなっている。それは、世界的に広く用いられている経済学の教科書にこれら行動経済学の主要概念が取り入れられていることからもわかる。[*5]

　プロスペクト理論は決して「決定的証拠」によってサポートされているわけではないが、プロスペクト理論とそこから導かれる仮説によって、経済学に実り豊かな研究課題がもたらされており、いまから約30年前にわたしが経済学の研究をはじめたころには異端であった行動経済学が、現在では主流派の経済学において広く受け入れられはじめている。いまや、行動経済学の諸理論・諸概念抜きに経済学を語ることができない時代に到達している。科学哲学者トマス・クーン[*6]の言葉を借りれば、経済学においてパラダイム・シフトが生じているのである。

　したがって、行動経済学は信頼できるのだろうか？　という疑問には現時点では、あるいは将来も、経験的事実によっては答えることができないかもしれないが、有益な仮説を生み出す理論としては、もうすでに学会に受け入れられているというのがわたし自身の結論である。

　とはいえ、プロスペクト理論をはじめとする行動経済学の理論を、研究やビジネスの現場で用いる際には注意が必

要である。保有効果やフレーミング効果については、これまで損失回避性によって説明しようとする文献が少なくなかった。しかし、本書の第３章や第５章で価値関数のグラフを使って実際に示したように、実はこれらの現象は、参照点の平行移動や価値関数の形状の違いだけで説明できるのであって、損失回避性を導入する必要はないのである。したがって、ある実験によって保有効果やフレーミング効果が反証されたとしても、それは損失回避性とは何の関係もない話かもしれないのである。

プロスペクト理論は、確率重み付けと価値関数という２つの構成要素からなる理論であり、また、価値関数それ自体が参照点、価値関数の形状（感応度逓減）、それに損失回避性という３つの要素から構成されている、極めて自由度の高い理論である。したがって、保有効果やフレーミング効果など、ある特定の課題ではこれらの要素の一部が全く関与しないようなことがありうる。

そのことは、本書の各章で実際にやってみせたように、プロスペクト理論を目の前の問題に実際に当てはめてみることで確認できる。残念ながら、その確認作業をしないまま、安易に損失回避性に帰着させる研究があったために、損失回避性に「濡れ衣」を着せるような羽目になっていたようである。

最後に、プロスペクト理論をはじめとする行動経済学の理論は、決して人間の判断や決定の不合理性を示す理論ではないということも強調しておきたい。もちろん、わたし

自身も含めて多くの人は、多かれ少なかれ間違いを犯す限定合理的な存在である。しかし、プロスペクト理論をはじめとする行動経済学の理論は、そうしたわれわれの「間違った」判断や選択を、伝統的な経済学の効用関数とは異なる価値関数を導入することで、それらが合理的選択の結果であったことを説明しようとする理論なのである。このように、行動経済学の理論が合理的選択理論として構成されていたからこそ、カーネマンがノーベル経済学賞を受賞した2002年以降、行動経済学は主流派の経済学に受け入れられるようになってきたのである。

　行動経済学が実は合理的選択理論なのだと書くと驚く読者もいるかもしれない。しかし、たとえば、第３章で紹介した保有効果に関する実験では、財を交換するかどうかの選択は、最初に手渡された財（マグカップかチョコレート菓子）が何であるかで変わるという、伝統的な経済学では矛盾とみなされる現象も、プロスペクト理論を利用すると、与えられた価値関数の下でより満足度の高い選択をするという意味で、合理的な選択として説明できた。このように、実際、本書の各章で紹介した実験結果に対して、伝統的な経済学では説明できない現象が、プロスペクト理論の価値関数を実際に当てはめることで、合理的な選択として解釈可能であることを示してきたのを思い出してほしい。本書では煩雑と思えるほど、価値関数のグラフを使って実験結果を説明してきたのも、そのことを理解してもらいたかったからである。本書が行動経済学に対する誤解を解き、読

者の理解を深める助けになれば幸いである。

　最後に、「行動経済学の死」シンポジウムをきっかけに行動経済学に関心を持ち、本書を執筆する機会を設けてくれた集英社新書の吉田隆之介氏に感謝を述べたいと思う。

2024年7月

Soli Deo Gloria

川越敏司

註

＊1　Duhem, P. M. M.（1954）*The Aim and Structure of physical Theory*, Princeton University Press.（小林道夫・熊谷陽一・安孫子信訳、1991年『物理理論の目的と構造』勁草書房）

＊2　Quine, W. V. O.（1953）*From a Logical Point of View: 9 logico-Philosophical Essays*, Harvard University Press.（飯田隆訳、1992年『論理的観点から』勁草書房）

＊3　さらに詳しくは、Guala, F.（2009）*The Methodology of Experimental Economics*, Cambridge University Press.（川越敏司訳、2013年『科学哲学から見た実験経済学』日本経済評論社）を参照。

＊4　Hanson, N. R.（1958）*Patterns of Discovery*, Cambridge University Press.（村上陽一郎訳、1986年『科学的発見のパターン』講談社学術文庫）

＊5　たとえば、そうした教科書に、アセモグル、レイブソン、リスト著、2020年『ミクロ経済学』東洋経済新報社、マンキュ

一著、2000年『マンキュー経済学Ⅰ　ミクロ編』東洋経済新報社、クルーグマン、ウェルス著、2007年『クルーグマン　ミクロ経済学』東洋経済新報社などがある。
* 6　Kuhn, T. S. (1962) *The Structure of Scientific Revolutions*, University of Chicago Press.（中山茂訳、1971年『科学革命の構造』みすず書房）

川越敏司(かわごえ としじ)

公立はこだて未来大学システム情報科学部複雑系知能学科教授。2024年より行動経済学会会長。博士(経済学)。1970年、和歌山県和歌山市生まれ。専門分野はゲーム理論・実験経済学。著書に『実験経済学』(東京大学出版会)、『行動ゲーム理論入門』(ＮＴＴ出版)、『「意思決定」の科学』(講談社ブルーバックス)など多数。趣味はバロック・フルート演奏、チェス・プロブレムや詰将棋、漢詩の創作。

行動経済学の真実
こう どう けい ざい がく   しん じつ

2024年9月22日 第1刷発行   集英社新書1231A

著者………	川越敏司 かわごえとしじ
発行者……	樋口尚也
発行所……	株式会社集英社
	東京都千代田区一ツ橋 2-5-10　郵便番号101-8050
	電話　03-3230-6391(編集部)
	03-3230-6080(読者係)
	03-3230-6393(販売部)書店専用

装幀……… 原　研哉
印刷所…… 大日本印刷株式会社　TOPPAN株式会社
製本所…… 加藤製本株式会社

定価はカバーに表示してあります。

© Kawagoe Toshiji 2024　　　　　　ISBN 978-4-08-721331-7 C0233

造本には十分注意しておりますが、印刷・製本など製造上の不備がありましたら、お手数ですが小社「読者係」までご連絡ください。古書店、フリマアプリ、オークションサイト等で入手されたものは対応いたしかねますのでご了承ください。なお、本書の一部あるいは全部を無断で複写・複製することは、法律で認められた場合を除き、著作権の侵害となります。また、業者など、読者本人以外による本書のデジタル化は、いかなる場合でも一切認められませんのでご注意ください。

Printed in Japan

水道、再び公営化! 欧州・水の闘いから日本が学ぶこと 岸本聡子

改訂版 著作権とは何か 文化と創造のゆくえ 福井健策

朝鮮半島と日本の未来 姜尚中

人新世の「資本論」 斎藤幸平

国対委員長 辻元清美

アフリカ 人類の未来を握る大陸 別府正一郎

〈全条項分析〉日米地位協定の真実 松竹伸幸

日本再生のための「プランB」 兪炳匡

新世界秩序と日本の未来 姜尚中

世界大麻経済戦争 矢部武

中国共産党帝国とウイグル 橋爪大三郎 中田考

安倍晋三と菅直人 尾中香尚里

ジャーナリズムの役割は空気を壊すこと 望月衣塑子 森達也

代表制民主主義はなぜ失敗したのか 藤井達夫

会社ではネガティブな人を活かしなさい 友原章典

自衛隊海外派遣 隠された「戦地」の現実 布施祐仁

北朝鮮 拉致問題 極秘文書から見える真実 有田芳生

アフガニスタンの教訓 挑戦される国際秩序 内山正典

原発再稼働 葬られた過酷事故の教訓 日野行介

北朝鮮とイラン 福原裕二 吉村慎作

歴史から学ぶ 相続の考え方 神山敏夫

非戦の安全保障論 柳澤協二 伊勢崎賢治 加藤朗 林吉永 高山信吉

西山太吉 最後の告白 佐高信

日本酒外交 酒サムライ外交官、世界を行く 門司健次郎

日本の電機産業はなぜ凋落したのか 桂幹

ウクライナ侵攻とグローバル・サウス 別府正一郎

日本が滅びる前に 明石モデルがひらく国家の未来 泉房穂

イスラエル軍元兵士が語る非戦論 ダニー・ネフセタイ

戦争はどうすれば終わるか? 田原総一朗

全身ジャーナリスト 林香里 柳澤秀夫 藤森研 岡本厚 永田浩三

自壊する欧米 ガザ危機が問うダブルスタンダード 内藤正典

誰も書かなかった統一教会 有田芳生

自由とセキュリティ 杉田敦

ハマスの実像 川上泰徳

集英社新書　好評既刊

政治・経済 ── A

不平等をめぐる戦争　グローバル税制は可能か？	上村雄彦
中央銀行は持ちこたえられるか	河村小百合
近代天皇論 ──「神聖」か、「象徴」か	片山杜秀　島薗 進
地方議会を再生する	相川俊英
ビッグデータの支配とプライバシー危機	宮下 紘
スノーデン　日本への警告	エドワード・スノーデン　青木 理 ほか
閉じてゆく帝国と逆説の21世紀経済	水野和夫
新・日米安保論	柳澤協二　伊勢﨑賢治　加藤 朗
世界を動かす巨人たち〈経済人編〉	池上 彰
アジア辺境論　これが日本の生きる道	内田 樹　姜 尚中
ナチスの「手口」と緊急事態条項	長谷部恭男　石田勇治
「在日」を生きる　ある詩人の闘争史	金 時鐘
改憲的護憲論	松竹伸幸
決断のとき ── トモダチ作戦と涙の基金	佐竹伸幸
公文書問題　日本の「闇」の核心	小泉純一郎　取材構成 常井健一
国体論　菊と星条旗	白井 聡
広告が憲法を殺す日	南部義典　本間 龍
よみがえる戦時体制　治安体制の歴史と現在	荻野富士夫
権力と新聞の大問題	望月衣塑子　マーティン・ファクラー
「改憲」の論点	木村草太　青井未帆 ほか
保守と大東亜戦争	中島岳志
富山は日本のスウェーデン	井手英策
スノーデン　監視大国 日本を語る	エドワード・スノーデン　国谷裕子 ほか
「働き方改革」の嘘	久原 穏
国権と民権	佐高 信　早野 透
限界の現代史	内藤正典
安倍政治 100のファクトチェック	日野行介
除染と国家　21世紀最悪の公共事業	南彰　望月衣塑子
「通貨」の正体	浜 矩子
隠された奴隷制	植村邦彦
未来への大分岐	マルクス・ガブリエル　マイケル・ハート　ポール・メイソン　斎藤幸平=編
「国連式」世界で戦う仕事術	滝澤三郎
国家と記録　政府はなぜ公文書を隠すのか？	瀬畑 源

集英社新書　好評既刊

首里城と沖縄戦 最後の日本軍地下司令部
保坂廣志 1220-D

20万人が犠牲となった沖縄戦を指揮した首里城地下の日本軍第32軍司令部壕。資料が明かす戦争加害の実態。

化学物質過敏症とは何か
渡井健太郎 1221-I

アレルギーや喘息と誤診され、過剰治療や放置されがちな"ナゾの病"の正しい理解と治療法を医師が解説。

限界突破の哲学 なぜ日本武道は世界で愛されるのか？
アレキサンダー・ベネット 1222-C

剣道七段、なぎなたなど各種武道を修行した著者が体力と年齢の壁を超える「身体と心の作法」を綴る。

教養の鍛錬 日本の名著を読みなおす
石井洋二郎 1223-C

『善の研究』や『君たちはどう生きるか』など「読んだふり」にしがちな教養書六冊を東大教授が再読する。

秘密資料で読み解く 激動の韓国政治史
永野慎一郎 1224-D

金大中拉致や朴正熙大統領暗殺、大韓航空機爆破事件、ラングーン事件など民主化を勝ち取るまでの戦いとは。

贖罪 殺人は償えるのか
藤井誠二 1225-B

己の罪と向き合う長期受刑者との文通から「償い」「謝罪」「反省」「更生」「贖罪」とは何かを考えた記録。

ハマスの実像
川上泰徳 1226-A

日本ではテロ組織というイメージがあるハマス。本当はどんな組織なのか、中東ジャーナリストが解説。

日韓の未来図 文化への熱狂と外交の溝
小針進／大貫智子 1227-B

韓国文化好きが増えれば、隣国関係は改善するのか。文化と政治という側面から日韓関係の未来を追う。

落語の人、春風亭一之輔〈ノンフィクション〉
中村計 1228-N

希代の落語家へのインタビューの果てに見えたものは。落語と人間がわかるノンフィクション。

ナチズム前夜 ワイマル共和国と政治的暴力
原田昌博 1229-D

ワイマル共和国という民主主義国家からなぜ独裁体制が生まれたのか。豊富な史料からその実態が明らかに。

既刊情報の詳細は集英社新書のホームページへ
https://shinsho.shueisha.co.jp/